LAS MEJORES
POESÍAS
DE AMOR

LAS MEJORES
POESIAS
DE AMOR

JORGE MONTAGUT

LAS MEJORES POESÍAS DE AMOR

EDITORIAL OPTIMA

1ª edición: octubre 1999

© EDITORIAL ÓPTIMA, S.L. Rambla Catalunya, 98, 7º, 2ª
08008 Barcelona - Tel. 93 487 00 31 - Fax 93 487 04 93

Diseño cubierta: Víctor Oliva

Printed in Spain - Impreso en España
Impreso y encuadernado por Balmes, S.A.

ISBN: 84-89693-86-2   Depósito legal: B-41.206-99

PRÓLOGO

Hoy nos es posible hablar de poesía amorosa y con ello aludir a una especialización temática dentro del amplio mundo que ésta abarca, un mundo al que, parodiando la célebre frase, podríamos decir que nada de cuanto es humano le es ajeno.

Sin embargo, hubo un tiempo, precisamente el que vio nacer a la poesía, una de las más bellas formas de expresión de que el artista dispone, en que hablar de ésta significaba hablar de amor.

Fue este sentimiento, en efecto, el que primero impulsó a juglares, trovadores y bardos a cantar, en inspirados versos, los encantos sin par de la dama objeto de sus desvelos amorosos, los cuales llevaron hasta tal extremo su adoración que incluso la Iglesia tuvo que intervenir para poner coto a lo que amenazaba convertirse en una nueva forma de idolatría.

No obstante, pronto hubo otros temas que ocuparon también la atención del poeta: las gestas heroicas, el culto a la patria, la sosegada vida del campo, la luna, la noche y la soledad fueron convirtiéndose en motivos inspiradores del verbo poético, pero creo que no incurriríamos en la menor exageración si afirmásemos que el amor fue, es y, con toda seguridad, seguirá siendo una constante en la obra de todos cuantos han hallado en la poesía el medio más idóneo para despertar en el corazón de sus semejantes un eco de simpatía y comprensión hacia sus propios sentimientos.

La presente antología de la poesía amorosa española es un claro exponente de cuanto venimos diciendo. En ella, el lector hallará las más diversas formas de expresar un mismo sentimiento: el del amor.

Gongorinos o conceptistas, románticos o clásicos, populistas o de minorías, sociales o intimistas, todos los autores cuyos versos dan cuerpo a esta obra han cantado, dentro de su producción, el eterno tema del amor.

Pueden emplear para ello el verso libre o la medida perfección del soneto, no importa, pero siempre, siempre, un ser venerado evoca sentimientos pasados, inquietudes presentes o anhelos futuros, que sólo hallarán una feliz realización si son correspondidos por la musa inspiradora de su canto.

Con todo y ser el tema del amor un tema universal por excelencia, la lira de los poetas españoles es quizá una de las que con más apasionados sones ha sabido vibrar cuando la tañía la mano trémula del poeta enamorado.

Herederos en gran parte de la tradición poética del pueblo árabe, que tanto y tan bien ha cantado al amor, los poetas españoles, representados en su mayoría en esta obra, han proporcionado el acento más puro y delicado a la literatura hispana.

Son muchos los poetas de verbo castellano que han logrado lo que, sin duda, constituye la mayor gloria de todo artista: que muchas de sus composiciones, aun cuando desapareciese, ¡Dios no lo quiera!, la expresión escrita, perdurasen a través de los tiempos porque el pueblo las ha aprendido, diríamos mejor de corazón que de memoria, haciéndolas ya por siempre suyas.

Difícil será que entre tantos y tan notables poetas como se asoman a estas páginas, no halle el lector aquel que, con su acento propio, exprese sus mismos sentimientos. Podrá ser otro el ser que los inspire, pero, por sorprendente y extraordinario que ello nos parezca, podremos comprobar cómo, a menudo, se hallan encerrados en la maravillosa síntesis de un poema que brotó de un corazón cuyos latidos, a veces, se detuvieron hace más de un siglo, los mismos impulsos que hoy aceleran los latidos del nuestro, y cómo una voz, que no es la nuestra, es capaz de expresar lo que en nosotros existe de más inalienablemente nuestro.

Sea, pues, esta antología nuestro modesto pero sincero homenaje a todos aquellos –poetas de ayer y de hoy, poetas de siempre– que la han hecho posible.

RAFAEL ALBERTI
(1902–1999)

La novia

Toca la campana
de la catedral.
¡Y yo sin zapatos,
yéndome a casar!
¿Dónde está mi velo,
mi vestido blanco,
mi flor de azahar?
¿Dónde mi sortija,
mi alfiler dorado,
mi lindo collar?
¡Date prisa, madre!
Toca la campana
de la catedral.
¿Dónde está mi amante?
Mi amante querido,
¿en dónde estará?
Toca la campana
de la catedral.
¡Y yo sin amante,
yéndome a casar!

BALTASAR DE ALCÁZAR
(1530–1606)

Epigrama

Hiere la hermosa Elvira
cuantos mira,
porque sus ojos son flechas,
que al corazón van derechas,
como al blanco donde tira;
mas luego, por buen respeto,
los cura y gana en efecto,
como le caigan a lance;
no hay quien el secreto alcance
porque los cura en secreto.

DÁMASO ALONSO
(1898–1990)

Ciencias de amor

No sé. Sólo me llega en el venero
de tus ojos, la lóbrega noticia
de Dios. Sólo en tus labios, la caricia
de un mundo en mies, de un celestial granero.

¿Eres limpio cristal, o ventisquero
destructor? No, no sé... De esta delicia
yo sólo sé su cósmica avaricia,
el sideral latir con que te quiero.

Yo no sé si eres muerte o eres vida,
si toco rosa en ti, si toco estrella,
si llamo a Dios o a ti cuando te llamo.

Junco en el agua o sorda piedra herida,
sólo sé que la tarde es ancha y bella,
sólo sé que soy hombre y que te amo.

SERAFÍN Y JOAQUÍN
ÁLVAREZ QUINTERO
(1871–1938) (1873–1944)

Esperanza

Tus manos en mis manos acogidas,
cruzábamos el parque en que me heriste,
aquella tarde en que, por fin, quisiste
cerrar con tus palabras mis heridas.

Las hojas de los árboles caídas
hollaban nuestros pies, y a su eco triste,
parecen corazones, me dijiste,
que perdieron la savia de sus vidas.

Un soplo fuerte, inesperado y frío,
por los senderos libres y desiertos
barrió las secas galas del estío...

y entre el huir de corazones muertos,
llenos de amor, tu corazón y el mío,
cantaron juntos a la vida abiertos.

Suspiros

Un suspiro es un deseo;
es un beso que se queja
de no encontrar otro beso.

Cuando nacen los besos en el alma,
    nacen para buscar
a unos besos que buscan a esos otros,
    sin saber dónde están.
Y cuando no se encuentran y se funden
    en uno cada dos,
se consume su esencia delicada
    en un ¡ay! de dolor.
Esa nota doliente es el suspiro
    que lanzamos tal vez,
y el aire del suspiro es el aliento
    del beso que se fue.
En mi alma nacen besos que a otros buscan
    y que mueren así...
Yo sé que los que quieren son los tuyos:
    ¡guárdalos para mí!

BARTOLOMÉ LEONARDO ARGENSOLA
(1562–1631)

Soneto

Ya el oro natural crespes o extiendas
o al componerlo con industria aspires,
lucir sus lazos o sus ondas mires,
cuando libre a tus damas lo encomiendas.

O ya, por nueva ley de amor, lo prendas
entre ricos diamantes y zafires,
o bajo hermosas plumas lo retires,
y el traje varonil fingir pretendas;

búscate Adonis por su Venus antes,
por su Adonis te tiene ya la diosa,
y a entrambos los engañan tus cabellos;

mas yo en la misma duda milagrosa,
mientras se hallan en ti los dos amantes,
muero por ambos, y de celos dellos.

Cuando me miras

Cuando me miras, Clori, de luz lleno
horizonte a tus ojos me figuro;
tu sol influye en el afecto oscuro
si influye en el espíritu sereno;

y cuando altos reflejos dentro el seno
a la luz eficaz volver procuro,
bien corresponde lo luciente y puro,
pero exhala sus nieblas lo terreno.

No sol tu vista entonces, sino aurora,
su vapor imperfecto desvanece;
mas si tal vez se esfuerza a formar nube,

a pesar de sí misma resplandece;
porque en el punto que a tu esfera sube
tu noble resplandor lo inflama y dora.

LUPERCIO LEONARDO ARGENSOLA
(1559–1613)

Soneto

A muerte inevitable amor me lleva,
por más que justifico mi deseo
y hace la empresa fácil; que bien veo
que es sólo por hacerle que se atreva.

Porque, ¿quién me asegura que no mueva
(si este fácil y justo bien poseo)
otro injusto difícil devaneo
y, al fin, de su poder la última prueba?

¿Sólo en mí torcerá de su costumbre?
O no pudiendo agora defenderme,
¿podré cuando de mí triunfe el tirano?

Ya temo su terrible servidumbre,
si algún desdén no viene a socorrerme;
fácil remedio si se da temprano.

Soneto

Amor, tu que las almas ves desnudas,
cuéntanos el desdén y la osadía
con que la hermosa Filis resistía
a tus doradas flechas más agudas;

y dinos las razones y las dudas
con que, después de herida, se encubría,
si soberbia o vergüenza detenía
lo que mostraban apariencias mudas.

Lo que nosotros vimos acá fuera
fue colorearse el rostro como rosa
y huir de nuestros ojos sus dos soles;

cual suele Febo al fin de su carrera,
robando su color a cada cosa,
las nubes adornar con arreboles.

MANUEL MARÍA DE ARJONA
(1771–1820)

Soneto

Triste cosa es gemir entre cadenas,
sufriendo a un dueño bárbaro y tirano,
triste cosa surcar el océano
cuando quebranta mástiles y antenas;

triste el pisar las líbicas arenas,
y el patrio nido recordar lejano,
y aún es más triste suspirar en vano
sembrando el aire de perdidas penas.

Mas ni dura prisión, ni olas espantosa,
ni destierro en el Níger encendido,
ni sin fin esperanza fatigosa,

es, ¡oh cielos! el mal de mí temido;
la pena más atroz, más horrorosa,
es de veras amar sin ser creído.

JUAN BAUTISTA ARRIAZA
(1770–1837)

Las señas

Perdí mi corazón, ¿le habéis hallado,
ninfas del valle en que pensando vivo?
Ayer andando solo y pensativo,
suspirando mi amor por este prado,

él huyó de mi pecho desolado
como el rayo veloz, y tan esquivo,
que yo grité: «¡Detente, fugitivo!»
y ya no le vi más por ningún lado.

Si no lo conocéis, como en un ara,
arde en él una hoguera, y cruda herida
por víctima de Silvia lo declara.

Dadle por vuestro bien, que esa homicida
le hizo tan infeliz, que adonde para
mi corazón, ya no hay placer ni vida.

Venus burlada

Vio Venus en la alfombra de esmeralda
de un prado a mi adorado bien dormido,
y engañada, creyendo ser Cupido,
alegremente le acogió en su falda.

La frente le ciñó de una guirnalda
y por hacer terrible su descuido,
puso en sus manos un arpón bruñido
y la aljaba le cuelga de la espalda.

¡Hijo!, le iba a decir, mas despertando
mi Silvia le responde con enojos,
la aljaba y el arpón de sí arrojando:

«¡Toma, madre engañosa, esos despojos,
porque me son inútiles, estando
sin ellos hechos a vencer mis ojos!»

Ofreciendo una belleza una guirnalda hecha toda de mariscos

Cuando del mar las ondas cristalinas
vieron nacer de Venus la hermosura,
no adornaban su frente o su cintura
mirtos de amor ni rosas purpurinas;
pero el agua le dio galas marinas,
perlas de su garganta a la blancura,
y, por guirnaldas, a su frente pura
caracoles y conchas peregrinas;
esa gracia y beldad que en ti descuella
junto a la mar nació; pues no repares
en dar marino adorno a tu sien bella,
para que en todo a Venus te compares,
y todos digan al mirarte: «Es ella,
en el momento en que nació en los mares».

MIGUEL DE BARRIOS
(1625–1701)

A su amada

En el coro de amor con voz sirena
corazones atraes, vidas encantas,
Nise divina, con dulzuras tantas,
que reduces a glorias lo que es pena.

Suspendida no canta Filomena,
la suavidad oyendo con que cantas,
y a las métricas voces que levantas,
el céfiro en los árboles no suena.

El arroyo entre flores detenido
al dulce quiebro de tu dulce lira,
queda en florido tálamo dormido.

Pues si como tu luz, tu canto admira
a quien falta razón, vida y sentido,
¿qué hará con alma quien por ti suspira?

LUIS BARRÓN

Amor

Muerto por el amor, no tengo amores;
pero sí, que el amor es como el cielo,
donde toda aflicción halla consuelo,
donde todo aspirar ofrece flores.

Amor es un manjar, cuyos sabores
se gustan con fruición y con anhelo,
y es maridaje de placer y duelo,
risa, llanto, caricias y rumores.

Amor es un traidor y es un amigo;
es fuente de virtud y de pecado,
amalgama de gloria y de castigo.

Es... la nostalgia del amor pasado,
de aquella dicha que partí contigo
y aquellas horas que viví a tu lado.

GUSTAVO ADOLFO BÉCQUER
(1836–1870)

Rima

Entre el discorde estruendo de la orgía
    acarició mi oído,
como nota de música lejana,
    el eco de un suspiro.
    El eco de un suspiro que conozco,
formado de un aliento que he bebido,
perfume de una flor, que oculta crece
    en un claustro sombrío.
    Mi adorada de un día, cariñosa.
–¿En qué piensas? –me dijo.
–En nada... –¿En nada y lloras?– Es que tengo
alegre la tristeza y triste el vino.

Rima

Lo que el salvaje que con torpe mano
hace de un tronco a su capricho un dios,
y luego ante su obra se arrodilla
eso hicimos tú y yo.

Dimos formas reales a un fantasma
de la mente ridícula invención,
y hecho el ídolo ya, sacrificamos
en su altar nuestro amor.

Rima

De lo poco de vida que me resta
diera con gusto los mejores años,
por saber lo que a otros
de mí has hablado.

Y esta vida mortal... y de la eterna
lo que me toque, si me toca algo,
por saber lo que a solas
de mí has pensado.

Rima

Yo me he asomado a las profundas cimas
    de la tierra y del cielo,
y las he visto al fin, o con los ojos
    o con el pensamiento.

Mas ¡ay! de un corazón llegué al abismo
    y me incliné por verlo,
y mi alma y mis ojos se turbaron:
    ¡Tan hondo era y tan negro!

EUSEBIO BLASCO
(1844–1903)

Soledades

Abanico negro
que das aire blando
y agitas cabellos
de color dorado,
lleva en tus vaivenes
a los frescos labios
suspiros errantes,
que hallarás al paso.

En torno a la boca
que un día besaron,
hoy revolotean
tristes y callados.
Cuando cojas aires
préndelos airado,
y en aquellos hoyos,
al pie de los labios...
¡Entiérralos vivos
por enamorados!

Son las tres

Son las tres; va a venir; me ha prometido
pasar toda la tarde junto a mí;
todo la espera... el cuarto perfumado
cual árabe pensil,
entornado el balcón, la chimenea
rebosando de leña que, al crujir,
produce sones que al amor convidan;
abierto el piano; el vals en el atril,
las azucenas esparciendo aromas,
vertiendo esencia el temblador jazmín.
[...]

¡Qué lento pasa el tiempo! ¡Oh, lluvia grata!
Coro de besos me parece oír.
Bendita la carencia cariñosa
que nos arrulla así.

Me late el corazón. ¿Será que llega?...
La seda oigo crujir...
Y resuenan sus pasos temerosos...
se acerca... ¡ya está aquí!

JUAN BOSCÁN
(1474–1542)

Soneto

Todo es amor en quien de veras ama,
hasta el mudar, que hace más firmeza;
si mudare pensad que es de tristeza
que el mal le fuerza haber de mudar cama.

Así me hizo a mí mi vieja llama,
que sosegar no puede en su crudeza,
y el alma agora a nuevo amor se aveza,
mas no podrá, que el otro amor le llama.

Yo pagaré por uno más de ciento
este querer así descabullirme,
que en fin flaqueza fue del pensamiento.

Si pagar puede un gran arrepentirme
yo pago bien: mas nada no es descuento
del tiempo que he perdido en querer irme.

Soneto

¡Oh gran fuerza de amor, que así enflaqueces
los que nacidos son para ser fuertes,
y les truecas así todas sus suertes,
que presto los mas ricos empobreces!

¡Oh piélago de mar, que te enriqueces
con los despojos de infinitas muertes!
Trágaslos, y después luego los viertes,
porque nunca en un punto permaneces.

¡Oh rayo, cuyo efecto no entendemos,
que dentro nos dejas abrasados,
y de fuera, sin mal, sanos nos vemos!

¡Oh dolencia mortal, cuyos extremos
son menos conocidos y alcanzados
por los tristes que más los padecemos!

CARLOS BOUSOÑO
(1923…)

Elegías esperanzadas

Muchacha dulce, no me amas.
Tú no conoces mi figura,
mi triste rostro que lejano vela
tu faz borrosa entre la lluvia.

Muchacha dulce, aquí en mis ojos
brilla un otoño que rezuma
oro de amor, de amor por ti, que tienes
entre tus manos una aurora púrpura.

Soy como tú, soy como tú. ¿Me oyes?
¡Soy como tú! ¡Oh, no me escuchas!
¡Mira, mira mi amor…! ¡Cómo me brota
del corazón de esta alba rubia!

Tómala para ti. Yo no la quiero.
Es para ti. Tómala. Nunca.
Hacia el azul sube amorosa
y allí, tristísima, se alumbra.

ROGELIO BUENDÍA
(1891...)

Mañana

Iban los arcabuces de los chopos
tirando alondras por el río abajo
y las manos del sol acariciaban
la piel del agua con deleites.

Claros topos de violetas se escondían
debajo de las sábanas de cardos,
desde allí corroyendo madrigueras,
yendo hasta el corazón por el olfato.

Tú blandías la espada de tus ojos,
el sol, la ardiente flecha de sus manos,
el río, las navajas de sus ondas,
que en piedras de marfil iba afilando.

Tú, triunfadora; yo, bajo tus plantas;
pero el laúd de mi palabra ha entrado,
sin cornetas de luz, agua adelante,
en la bahía azul de tu costado.

JOSÉ CADALSO
(1741–1832)

Anacreóntica

Cuando vuelvo de lejos,
hallo a Filis más linda,
y cuando estoy presente,
siento dejarla un día.

Venus, haz un portento
en esta Filis mía,
y es, que me ausente de ella
sin perderla de vista.

Anacreóntica

Me admiran en Lucinda
aquellos ojos negros,
en Aminta los labios,
en Cloris, el cabello,
la cintura de Silvia,
de Cintia el alto pecho,
la frente de Amarilis,
de Lisi el blanco cuello,
de Corina la danza,
y de Nise el acento;
pero en ti, Filis mía,
me encantan ojos, pelo,
labios, cintura, frente,
nevado cuello y pecho,
y todo cuanto escucho
y todo cuanto veo.

Glosa

Ella dice: «Dulce dueño
toda es tuya el alma mía;
en ti pienso todo el día,
contigo de noche sueño.

Dime, pastor, ¿no te admira
la virtud de quien te adora?»
Pero él responde: «Pastora,
¿eso es verdad o mentira?»

Ella dice: «Si la suerte
una corona me diera,
¡cuán gozosa la perdiera,
mi dueño, por no perderte!

Tu pastora sólo aspira
a que la ames cual te adora.»
Pero él responde: «Pastora
¿eso es verdad o mentira?»

PEDRO CALDERÓN DE LA BARCA
(1600–1681)

De «Antes que todo es mi dama»

Viendo el cabello a quien la noche puso
con las nuevas pragmáticas del día
en libertad, cuán suelto discurría,
a reducirle Cintia se dispuso.

Poco debió al cuidado, poco al uso,
del vulgo tal la hermosa monarquía;
pues no le dio más lustres que tenía,
después lo dócil, que antes lo confuso.

La blanca tez a quien la nieve pura
ya matizó de nácar a la aurora,
de ningún artificio se asegura.

Y pues nada el aliño la mejora,
aquella solamente es hermosura
que amanece hermosura a cualquier hora.
[...]

¡Ay, amor!

¡Ay amor, falsa sirena,
cuya queja, cuya voz,
rompiendo el aire veloz
dulcísima suena
y está de traiciones llena!
¡Ay, amor, serpiente ingrata
que en sus afectos retrata
la pasión que me provoca,
pues halaga con la boca
a quien con la cola mata!

¡Ay, amor, veneno vil,
que viene en vaso dorado!
¡Ay, amor, áspid pisado
entre las flores de abril!
¡Mal haya una vez y mil
quien tus engaños consiente!
Miente tu lisonja, miente
tu halago, tu voz, tu pena,
porque eres amor, sirena,
áspid, veneno y serpiente.

Sufrir callando

Si no me dejan hablar,
yo moriré de temor,
que no hay tristeza en amor
como sufrir y callar.

¡Qué tarde remedio espera
quien ama y no se declara!
Que yo pienso que si hablara
hasta las piedras moviera.

El callar me ha de matar,
sufriendo tanto rigor,
que no hay tristeza de amor
como sufrir y callar.

Beatriz

Bella Beatriz, mi fe es tan verdadera,
mi amor tan firme, mi afición tan rara,
que, aunque yo no quererte deseara,
contra mi mismo afecto te quisiera.

Estímate mi vida de manera
que, a poder olvidarte, te olvidara,
porque después con elección te amara,
fuera gusto mi amor y no ley fuera.

Quien quiere a una mujer, porque no puede
olvidarla, no obliga, con querella,
pues nada el albedrío le concede.

Yo no puedo olvidarte, Beatriz bella,
y siento el ver que tan ufana quede,
con la victoria de tu amor, mi estrella.

RAMÓN DE CAMPOAMOR
(1817–1901)

El vacío del alma

I

Aunque buscando impresiones,
cruza la tierra y el mar,
nunca se llena el vacío
del alma de Soledad.
De la vida que maldice
sintiendo el terrible afán,
joven, rica, sana y bella,
desolada viene y va
desde la ciudad al campo
desde el campo a la ciudad,
y nunca aquel gran vacío
llegan a terraplenar
ni la historia ni la ciencia,
ni lo real ni lo ideal,
por más que con el estudio
le llegaron a prestar
la religión sus misterios,
el tiempo su eternidad.

II

Y al fin a la niña ilusa
la hubiera muerto el pesar,
si no fuera porque un día,
por obra providencial,
llenó el inmenso vacío
del alma de Soledad
el perfume de una rosa
que le regaló un galán.

El amor no perdona

Murió Julia, maldecida
por un hombre a quien vendió,
y en el punto en que dejó
el presidio de la vida,

la dijo Dios: «¡Inconstante!,
ve al Purgatorio a sufrir,
y reza hasta conseguir
que te perdone tu amante.»

«Oh, cuán grande es mi alegría
—dijo ella— en sufrir por él!
¡Quién no perdona a una infiel
es que la ama todavía!»

Y al Purgatorio bajó
contenta, aunque condenada,
pensando que aún era amada
del hombre a quien ofendió.

Y cuando, al fin, con pesar,
le dio su amante el perdón,
se le oprimió el corazón
hasta romper a llorar.

Y Julia, ya absuelta, es fama
que, llena de desconsuelo,
decía, entrando en el cielo:
«¡Me perdona!... ¡Ya no me ama!...»

Cantares amorosos

La amo tanto, a mi pesar,
que aunque yo vuelva a nacer,
la he de volver a querer
aunque me vuelva a matar.

Está tu imagen, que admiro,
tan pegada a mi deseo,
que, si al espejo me miro,
en vez de verme, te veo.

Perdí media vida mía
por cierto placer fatal,
y la otra media daría
por otro placer igual.

Más cerca de mí te siento
cuanto más huyo de ti,
pues tu imagen es en mí
sombra de mi pensamiento.

Sueñe o vele, no hay respiro
para mi ardiente deseo,
pues sueño cuando te miro
y cuando sueño te veo.

Marcho a la luz de la luna
de su sombra tan en pos,
que no hacen más sombra que una,
siendo nuestros cuerpos dos.

Nunca, aunque estés quejumbrosa,
tus quejas puedo escuchar,
pues como eres tan hermosa,
no te oigo, te miro hablar.

Ten paciencia, corazón,
que es mejor, a lo que veo,
deseo sin posesión
que posesión sin deseo.

Porque en dulce confianza
contigo una vez hablé,
toda la vida pasé
hablando con mi esperanza.

Vuélvemelo hoy a decir,
pues, embelesado, ayer
te escuchaba sin oír
y te miraba sin ver.

Tras ti cruzar un bulto
    vi por la alfombra;
ciego el puñal sepulto...
    y era tu sombra.
¡Cuánto, insensato,
te amo, que hasta de celos
    tu sombra mato!

El tren expreso

Canto Primero: La noche

I

Habiéndome robado el albedrío
un amor tan infausto como mío,
ya recobrados la quietud y el seso,
volvía de París en tren expreso;
y cuando estaba ajeno de cuidado,
como un pobre viajero fatigado,
para pasar bien cómodo la noche
muellemente acostado,
al arrancar el tren subió a mi coche,
seguida de una anciana,
una joven hermosa,
alta, rubia, delgada y muy graciosa,
digna de ser morena y sevillana.

II

Luego, a una voz de mando
por algun héroe de las artes dada,
empezó el tren a trepidar, andando
con un trajín de fiera encadenada.
Al dejar la estación, lanzó un gemido
la máquina, que libre se veía,
y corriendo al principio solapada
cual la sierpe que sale de su nido,
ya al claro resplandor de las estrellas,
por los campos, rugiendo, parecía
un león con melena de centellas.

III

Cuando miraba atento
aquel tren que corría como el viento
con sonrisa impregnada de amargura
me preguntó la joven con dulzura:
«¿Sois español?» Y su armonioso acento,
tan armonioso y puro, que aun ahora
el recordarlo sólo me embelesa.
«Soy español –le dije–; ¿y vos, señora?»
«Yo –dijo– soy francesa.»
«Podéis –le repliqué con arrogancia–
la hermosura alabar de vuestro suelo,
pues creo, como hay Dios, que es vuestra Francia
un país tan hermoso como el cielo.»
«Verdad que es el país de mis amores
el país del ingenio y de la guerra;
pero en cambio –me dijo–, es vuestra tierra
la patria del honor y de las flores:
no os podéis figurar cuánto me extraña
que, al ver sus resplandores,
el sol de vuestra España
no tenga, como el de Asia, adoradores.»
Y después de halagarnos obsequiosos
del patrio amor el puro sentimiento,
entrambos nos quedamos silenciosos
como heridos de un mismo pensamiento.

IV

Caminar entre sombras es lo mismo
que dar vueltas por sendas mal seguras
en el fondo sin fondo de un abismo.
Juntando a la verdad mil conjeturas,
veía allá a lo lejos, desde el coche,
agitarse sin fin cosas oscuras,
y en torno, cien especies de negruras
tomadas de cien partes de la noche.
¡Calor de fragua a un lado, al otro frío!...
¡Lamentos de la máquina espantosos
que agregan el terror y el desvarío
a todos estos limbos misteriosos!...
¡Las rocas que parecen esqueletos!...
¡Las nubes con entrañas abrasadas!...
¡Luces tristes! ¡Tinieblas alumbradas!...
¡El horror que hace grandes los objetos!...
¡Claridad espectral de la neblina!
¡Juego de llama y de humo indescriptible!…
¡Unos grupos de bruma blanquecina
esparcidos por grupos invisibles!
¡Masas informes…, límites inciertos!
¡Montes que se hunden! ¡Árboles que crecen!…
¡Horizontes lejanos que parecen
vagas costas del reino de los muertos!
¡Sombra, humareda, confusión y nieblas!…
¡Acá lo turbio…, allá lo indescirnible…
y entre el humo del tren y las tinieblas,
aquí una cosa negra, allí otra horrible!

V

¡Cosa rara! Entre tanto,
al lado de mujer tan seductora
no podía dormir, siendo yo un santo
que duerme, cuando no ama, a cualquier hora.
Mil veces intenté quedar dormido,
mas fue inútil empeño:
admiraba a la joven, y es sabido
que a mí la admiración me quita el sueño.
Yo estaba inquieto, y ella,
sin echar sobre mí mirada alguna,
abrió la ventanilla de su lado
y, como un ser prendado de la luna,
miró al cielo azulado;
preguntó, por hablar, qué hora sería,
y al ver correr cada fugaz estrella,
« ¡Ved un alma que pasa!», me decía.

VI

«¿Vais muy lejos?», con voz ya conmovida
le pregunté a mi joven compañera.
«Muy lejos –contestó–; voy decidida
a morir a un lugar de la frontera.»
Y se quedó pensando en el futuro,
su mirada en el aire distraída
cual se mira en la noche un sitio oscuro
donde fue una visión desvanecida.
«¿No os habrá divertido
–le repliqué galante–
la ciudad seductora
en donde todo amante
deja recuerdos y se trae olvido?»
«¿Los traéis vos?», me dijo con tristeza.
«Todo en París lo hace olvidar, señora
–le contesté–, la moda y la riqueza.
Yo me vine a París desesperado,
por no ver en Madrid a cierta ingrata.»
«Pues yo vine –exclamó– y hallé casado
a un hombre ingrato a quien amé soltero.»
«Tengo un rencor –le dije– que me mata.»
«Yo una pena –me dijo– que me muero.»
Y al recuerdo infeliz de aquel ingrato,
siendo su mente espejo de mi mente,
quedándose en silencio un grande rato
pasó una larga historia por su frente.

VII

Como el tren no corría, que volaba,
era tan vivo el viento, era tan frío,
que el aire parecía que cortaba:
así el lector no extrañará que, tierno,
cuidase de su bien más que del mío,
pues hacía un gran frío, tan gran frío,
que echó al lobo del bosque aquel invierno.
Y cuando ella, doliente
con el cuerpo aterido,
«¡Tengo frío!», me dijo dulcemente
con voz que, más que voz, era un balido,
me acerqué a contemplar su hermosa frente,
y os juro, por el cielo,
que, a aquel reflejo de la luz escaso,
la joven parecía hecha de raso,
de nácar, de jazmín y terciopelo;
y creyendo invadidos por el hielo
aquellos pies tan lindos,
desdoblando mi manta zamorana,
que tenía más borlas, verde y grana
que todos los cerezos y los guindos
que en Zamora se crían,
cual si fuese una madre cuidadosa,
con la cabeza ya vertiginosa,
le tapé aquellos pies, que bien podrían
ocultarse en el cáliz de una rosa.

VIII

¡De la sombra y el fuego al claroscuro
brotaban perspectivas espantosas,
y me hacía el efecto de un conjuro
al ver reverberar en cada muro
de la sombra las danzas misteriosas!...
¡La joven que acostada traslucía
con su aspecto ideal, su aire sencillo,
y que, más que mujer, parecía
un ángel de Rafael o de Murillo!
¡Sus manos por las venas serpenteadas
que la fiebre abultaba y encendía,
hermosas manos, que a tener cruzadas
por la oración habitual tendía!...
¡Sus ojos, siempre abiertos, aunque a oscuras,
mirando al mundo de las cosas puras!
¡Su blanca faz de palidez cubierta!
¡Aquel cuerpo a que daban su postura
la celestial fijeza de una muerta!...
¡Las fajas tenebrosas
del techo, que irradiaba tristemente
aquella luz de cueva submarina;
y esa continua sucesión de cosas
que así en el corazón como en la mente
acaban de formar una neblina!...
¡Del tren expreso la infernal balumba!...
¡La claridad de cueva que salía
del techo de aquel coche, que tenía
la forma de la tapa de una tumba!...
¡La visión triste y bella
del sublime concierto
de todo aquel horrible desconcierto,
me hacían traslucir en torno de ella
algo vivo rondando un algo muerto!

IX

De pronto, atronadora,
entre un humo que surcan llamaradas,
despide la feroz locomotora
un torrente de notas aflautadas,
para anunciar, al despertar la aurora,
una estación que en feria convertía
el vulgo con su eterna gritería,
la cual, susurradora y esplendente,
con las luces del gas brillaba enfrente;
y al llegar, un gemido
lanzando prolongado y lastimero,
el tren en la estación entró seguido
cual si entrase un reptil en su agujero.

Canto Segundo: El día

I

Y continuando la infeliz historia,
que aún vaga como un sueño en mi memoria,
veo al fin, a la luz de la alborada,
que el rubio de su pelo brilla
cual la paja de trigo calcinada
por agosto en los campos de Castilla.
Y con semblante cariñoso y serio,
y una expresión del todo religiosa,
como llevando a cabo algún misterio,
después de un «¡Ay, Dios mío!»
me dijo, señalando un cementerio:
«¡Los que duermen allí no tienen frío!»

II

El humo, en ondulante movimiento,
dividiéndose a un lado y a otro lado,
se tiende por el viento
cual la crin de un caballo desbocado.
Ayer era otra fauna, hoy otra flora;
verdura y aridez; calor y frío;
andar tantos kilómetros por hora
causa al alma el mareo del vacío;
pues salvando el abismo, el llano, el monte,
con un ciego correr que el rayo excede,
en loco desvarío
sucede un horizonte a otro horizonte
y una estación a otra estación sucede.

III

Más ciego cada vez por la hermosura
de la mujer aquella,
al fin la hablé con la mayor ternura,
a pesar de mis muchos desengaños;
porque al viajar en tren con una bella
va, aunque un poco al azar y a la ventura,
muy de prisa el amor a los treinta años.
Y «¿adónde vais ahora?»
pregunté a la viajera.
«Marcho, olvidada por mi amor primero
—me respondió sincera—,
a esperar el olvido un año entero.»
«Pero, ¿y después —le pregunté—, señora?»
«Después —me contestó—, ¡lo que Dios quiera!»

IV

Y porque así sus penas distraía,
las mías le conté con alegría,
y un cuento amontoné sobre otro cuento,
mientras ella, abstrayéndose, veía
las gradaciones de color que hacía
la luz descomponiéndose en el viento.
Y haciendo yo castillos en el aire,
o, como dicen ellos, en España,
la referí, no sé si con donaire,
cuentos de Homero y de Maricastaña.
En mis cuadros risueños,
pintando mucho amor y mucha pena,
como el que tiene la cabeza llena
de heroínas francesas y de ensueños,
había cada llama
capaz de poner fuego al mundo entero;
y no faltaba nunca un caballero
que, por gustar solícito a su dama,
la sirviese, siendo héroe, de escudero.
Y ya de un nuevo amor en los umbrales,
cual si fuese el aliento nuestro idioma,
más bien que con la voz, con las señales,
esta verdad tan grande como un templo
la convertí en axioma:
que para dos que se aman tiernamente,
ella y yo, por ejemplo,
es cosa ya olvidada por sabida
que un árbol, una piedra y una fuente
pueden ser el edén de nuestra vida.

V

Como en amor es credo,
o artículo de fe que yo proclamo,
que en este mundo de pasión y olvido,
o se oye conjugar el verbo *te amo,*
o la vida mejor no importa un bledo;
aunque entonces, como hombre arrepentido,
el ver a una mujer me daba miedo,
más bien desesperado que atrevido,
«y ¿un nuevo amor –le pregunté amoroso–
no os haría olvidar viejos amores?»
Mas ella, sin dar tregua a sus dolores,
contestó con acento cariñoso:
«La tierra está cansada de dar flores;
necesito algún año de reposo.»

VI

Marcha el tren tan seguido, tan seguido,
como aquel que patina por el hielo,
y en confusión extraña,
parecen, confundidos tierra y cielo,
monte la nube, y nube la montaña,
pues cruza de horizonte en horizonte
por la cumbre y el llano,
ya la cresta granítica de un monte,
ya la elástica turba de un pantano;
ya entrando por el hueco
de algún túnel que horada las montañas,
a cada horrible grito
que lanzando va el tren, responde el eco,
y hace vibrar los muros de granito,
estremeciendo al mundo en sus entrañas;
y dejando aquí un pozo, allí una sierra,
nubes arriba, movimiento abajo,
en laberinto tal, cuesta trabajo
creer en la existencia de la tierra.

VII

Las cosas que miramos
se vuelven hacia atrás en el instante
que nosotros pasamos;
y, conforme va el tren hacia adelante,
parece que desandan lo que andamos;
y a sus puestos volviéndose, huyen y huyen
en raudo movimiento
los postes del telégrafo, clavados
en fila a los costados del camino;
y, como gota a gota, fluyen, fluyen,
uno, dos, tres y cuatro, veinte y ciento,
y formando confuso y ceniciento
el humo con la luz un remolino
no distinguen los ojos deslumbrados
si aquello es sueño, tromba o torbellino.

VIII

¡Oh mil veces bendita
la inmensa fuerza de la mente humana
que así el ramblizo como el monte allana,
y al mundo echando su nivel, lo mismo
los picos de las rocas decapita
que levanta la tierra,
formando un terraplén sobre un abismo
que llena con pedazos de una sierra!
¡Dignas son, vive Dios, estas hazañas,
no conocidas antes,
del poderoso anhelo
de los grandes gigantes
que, en su ambición, para escalar el cielo
un tiempo amontonaron las montañas!

IX

Corría en tanto el tren con tal premura
que el monte abandonó por la ladera,
la colina dejó por la llanura,
y la llanura, en fin, por la ribera;
y al descender a un llano,
sitio infeliz de la estación postrera,
le dije con amor: «¿Sería en vano
que amaros pretendiera?
¿Sería como un niño que quisiera
alcanzar a la luna con la mano?»
Y contestó con lívido semblante:
«No sé lo qué seré más adelante,
cuando ya soy vuestra mejor amiga.
Yo me llamo Constancia y soy constante;
¿qué más queréis –me preguntó– que os diga?»
Y, bajando al andén, de angustia llena,
con prudencia fingió que distraía
su inconsolable pena
con la gente que entraba y que salía,
pues la estación del pueblo parecía
la loca dispersión de una colmena.

X

Y con dolor profundo,
mirándome a la faz, desencajada
cual mira a su doctor un moribundo,
siguió: «Yo os juro, cual mujer honrada,
que el hombre que me dio con tanto celo
un poco de valor contra el engaño,
o aquí me encontrará dentro de un año,
o allí...», me dijo, señalando el cielo.
Y enjugando después con el pañuelo
algo de espuma de color de rosa
que asomaba a sus labios amarillos,
el tren (cual la serpiente que, escamosa,
queriendo hacer que marcha, y no marchando,
ni marcha ni reposa)
mueve y remueve, ondeando y más ondeando,
de su cuerpo flexible los anillos;
y al tiempo en que ella y yo, la mano alzando
volvimos, saludando, la cabeza,
la máquina un incendio vomitando,
grande en su horror y horrible en su belleza,
el tren llevó hacía sí pieza tras pieza,
vibró con furia y lo arrastró silbando.

Canto Tercero: El crepúsculo

I

Cuando un año después, hora por hora,
hacia Francia volvía
echando alegre sobre el cuerpo mío
mi manta de alamares de Zamora,
porque a un tiempo sentía,
como el año anterior, día por día;
mucho amor, mucho viento y mucho frío
al minuto final del año entero
a la cita acudí cual caballero
que va alumbrado por su buena estrella;
mas al llegar a la estación aquélla
que no quiero nombrar, porque no quiero,
una tos de ataúd sonó a mi lado,
que salía del pecho de una anciana
con çara de dolor y negro traje.
Me vio, gimió, lloró, corrió a mi lado,
y echándome un papel por la ventana
«Tomad –me dijo–, y continuad el viaje.»
Y cual si fuese una hechicera vana
que después de un conjuro, en la alta noche
quedase entre la sombra confundida,
la mujer, más que vieja, envejecida,
de mi presencia huyó con ligereza
cual niebla entre la luz desvanecida,
al punto en que, llegando con presteza
echó por la ventana de mi coche
esta carta tan llena de tristeza,
que he leído más veces en mi vida
que cabellos contiene mi cabeza.

II

«Mi carta, que es feliz, pues va a buscaros,
cuenta os dará de la memoria mía.
Aquel fantasma soy que, por gustaros,
juró estar viva a vuestro lado un día.

»Cuando lleve esta carta a vuestro oído
el eco de mi amor y mis dolores,
el cuerpo en que mi espíritu ha vivido
ya durmiendo estará bajo unas flores.

»Por no dar fin a la ventura mía,
la escribo larga... casi interminable...
¡Mi agonía es la bárbara agonía
del que quiere evitar lo inevitable!

»Hundiéndose al morir sobre mi frente
el palacio ideal de mi quimera,
de todo mi pasado, solamente
esta pena que os doy borrar quisiera.

»Me rebelo a morir, pero es preciso...
¡El triste vive y el dichoso muere!...
¡Cuando quise morir, Dios no lo quiso;
hoy que quiero vivir, Dios no lo quiere!

»¡Os amo, sí! Dejadme que habladora
me repita esta voz tan repetida;
que las cosas más íntimas ahora
se escapan de mis labios con mi vida.

»Hasta furiosa, a mi que ya no existo,
la idea de los celos me importuna;
¡nunca el rostro verán de otra ninguna!

»Y si aquella mujer de aquella historia
vuelve a formar de nuevo vuestro encanto,
aunque os ame, gemid en mi memoria;
¡yo os hubiera también amado tanto!...

»Mas tal vez allá arriba nos veremos,
después de esta existencia pasajera,
cuando los dos, como en el tren, lleguemos
de nuestra vida a la estación postrera.

»¡Ya me siento morir!... El cielo os guarde.
Cuidad, siempre que nazca o muera el día,
de mirar al lucero de la tarde,
esa estrella que siempre ha sido mía.

»Pues yo desde ella os estaré mirando;
y como el bien con la virtud se labra,
para verme mejor, yo haré, rezando,
que Dios de par en par el cielo os abra.

»¡Nunca olvidéis a esta infeliz amante
que os cita, cuando os deja, para el cielo!
¡Si es verdad que me amasteis un instante,
llorad, porque eso sirve de consuelo!...

»¡Oh, Padre de las almas pecadoras!
¡Conceded el perdón al alma mía!
¡Amé mucho, Señor, y muchas horas;
mas sufrí por más tiempo todavía!

»¡Adiós, adiós! Como hablo delirando,
no sé decir lo que deciros quiero.
Yo sólo sé de mí que estoy llorando,
que sufro, que os amaba y que me muero.«

III

Al ver de esta manera
trocado el curso de mi vida entera
en un sueño tan breve,
de pronto se quedó, negro que era,
mi cabello más blanco que la nieve.
De dolor traspasado
por la más grande herida
que a un corazón jamás ha destrozado
en la inmensa batalla de la vida,
ahogado de tristeza,
a la anciana busqué desesperado;
mas fue esperanza vana,
pues, lo mismo que un ciego, deslumbrado,
ni pude ver la anciana,
ni respirar del aire la pureza,
por más que abrí cien veces la ventana
decidido a tirarme de cabeza.
Cuando, por fin, sintiéndome agobiado
de mi desdicha al peso,
y encerrado en el coche maldecía
como si fuese en el infierno preso,
al año de venir, día por día,
con mi grande inquietud y poco seso,
sin alma y como inútil mercancía,
me volvió hasta París el tren expreso.

JOSÉ LUIS CANO
(1912...)

Atardecer

Deja que el amoroso pensamiento
dé a tu frente un temblor de agua invadida,
y deja que mi sombra, en la avenida,
acaricie tu seno soñoliento.

La tarde eres tú y yo, sin otro aliento
ni otro paisaje que la mar dormida.
La vida es tu silencio, la vencida
caricia de tu flor sin movimiento.

Duermen las aves su clamor. El cielo
boga su luz por tu mirada ausente.
Sueñan tus ojos a la sombra mía.

Sueña el aire en su orilla, y siento el vuelo
cálido de mi sangre. Dulcemente
va naciendo el amor, muriendo el día.

EMILIO CARRERE
(1881–1947)

La cita frustrada

El reloj devana la vieja madeja
de la vida humana con un son de queja.
La divina hora
pasa voladora
por la blanca esfera
del viejo reló.
¡Triste del que espera lo que ya pasó!

Rubia Margarita
acude a la cita
de mi corazón;
llora tu poeta,
divina Julieta,
del sueño galante
bajo tu balcón,
Quisiera hechizaros en la noche calma
porque aun tiene claros de luna su alma.
La sombra fragante
del sueño galante
no acude jamás.
Pasó la hora bruja
y avanza la aguja
con lento compás.
¡Pobre del que aguarda
lo que ya pasó,
la gloria que tarda
o el amor que huyó!

Corre el minutero;
yo temblando espero
la nueva emoción,
la desconocida
mujer presentida
por mi corazón.
Mi alma, entre la plata del claro de luna,
espera el milagro de su aparición;
la puerta por donde vendrá tiene una
inquietud ansiosa de interrogación.
Yo soñando espero
su inefable encanto;
viejo minutero,
¿por qué tardas tanto?

Dolor de las cosas
que han podido ser
y huyen presurosas
para no volver.
Momento encantado,
¡qué pronto te has ido!
La hora ya ha sonado
y ella no ha venido.
¡Detén, minutero, tu velocidad;
no corras al pozo de la Eternidad!
El viejo reló
el copo del tiempo devana en su esfera.
¡Triste del que espera
lo que ya pasó!

RODOLFO CASTAING

Pasionaria

Tú bien sabes que vivo para amarte
con fervor, sin quebrantos ni medida;
tú sabes que, al hacerte mi elegida,
la existencia he querido consagrarte.

Tú sabes que jamás podré olvidarte,
pues lo que bien se quiere, no se olvida
y mientras tenga un hálito de vida,
ese hálito será para adorarte.

Por tu amor yo he luchado con desvelo,
desgarrándome el alma en los abrojos
crecidos a la sombra de ese anhelo;

y cuando, al fin postrándome de hinojos,
para no sucumbir buscaba el cielo,
¡tú me diste dos cielos en tus ojos!

CRISTÓBAL DE CASTILLEJO
(1492–1550)

Canción

Mis ojos, ¿qué os merecí,
qué buscáis ambos a dos
alegría para vos
y congoja para mí?

Vosotros vivís mirando,
yo muero porque miráis;
cuanto vosotros gozáis,
yo lo pago, deseando.

Claro me parece aquí
que tiene ordenado Dios
que no podáis vivir vos
sin que me matéis a mí.

Villancico de una dama

Pues es tiempo de acabar,
la más próspera ventura,
buscar quiero lo que dura.

Pocas veces el amor
fortuna bien satisface,
porque ella misma deshace
al que abraza y da favor;
mas ser vuestro servidor
la plaza tiene segura
en el campo de ventura.

Porque en mí será la gloria
de serviros tan crecida,
que, acabándose mi vida,
comenzará mi memoria
y pues morir es victoria
a quien tan bien lo aventura
buscar quiero lo que dura.

ROSALÍA DE CASTRO
(1837–1885)

Ansia que ardiente crece

Ansia que ardiente crece,
vertiginoso vuelo
tras de algo que nos llama
con murmurar incierto.

Sorpresas celestiales,
dichas que nos asombran,
así, cuando buscamos lo escondido,
así comienzan del amor las horas.

Inaplicable angustia,
hondo dolor del alma,
recuerdo que no muere,
deseo que no acaba,
vigilia de la noche,
torpe sueño del día
es la que queda del placer gustado,
es el fruto podrido de la vida.

TORCUATO MIGUEL
DE LA CONCEPCIÓN
(1928...)

¿Amor?; pues, ¡amor!; pero a mi modo

He sido alcanzado.
Una mirada y un dardo han bastado
para convertirme en fábula.
Cupido es cruel;
nos espía tronchando geranios
con su pie liviano,
y, oculto en el rocío,
va llenando de lirios el carcaj.
(La tarde, dispuesta a ser su cómplice,
se ha ido extendiendo de bambú a bambú.)

Ahora, quiero seguir.
—Ceniza y roble es el llanto—.
¿Me acercaré al precipicio
donde el amor es abstracto...?
No. Buscaré un sueño de niño
donde el amor es tan claro
que consiste en un arroyo
que se mece en el tejado.
En él se bañan princesas,
geniecillos, hadas, nardos.
Y si las máscaras bailan,
¡que bailen!, pero despacio
y en silencio; que respeten
mi jardín. Estoy soñando...

Camino en soledad

Como un nido en invierno. Como el cardo
que crece en el silencio de la ermita.
Como un hogar sin madre y sin marmita.
Como el claustro sin luz. Como el bastardo.

Camino en soledad. Voy como el nardo
en la mano de un niño. Me dan cita
los astros, por la noche. Y necesita
mi pulso apresurarse. Ya no aguardo

ningún beso de Oriente ni Poniente.
Camino en soledad. Es mi destino
ir solo, solitario, solamente.

Sin árboles, sin brisa, sin un trino,
sin la espera feliz de un labio enfrente,
sin una sola voz en mi camino.

CARMEN CONDE
(1907–1996)

Hallazgo

Desnuda y adherida a tu desnudez.
Mis pechos como hielos recién cortados,
en el agua plana de tu pecho.
Mis hombros abiertos bajo tus hombros.
Y tú, flotante en mi desnudez.
Alzaré los brazos y sostendré tu aire.
Podrás desceñir mi sueño
porque el cielo descansará en mi frente.
Afluentes de tus ríos serán mis ríos.
Navegaremos juntos, tú seras mi vela
y yo te llevaré por mares escondidos.
¡Qué suprema efusión de geografías!
Tus manos sobre mis manos,
tus ojos, aves de mi árbol,
en la yerba de mi cabeza.

JOSÉ CORREDOR MATHEOS
(1929...)

Cuerpo sonoro

Vuelves mujer aún. Vuelves acaso
por los caminos rojos del estío,
para enterrar tu cuerpo bajo el río
y encontrar otro nuevo en el ocaso.

El ansia se desborda desde el vaso
donde se vierte tu caudal y el mío
¡soñando corazón! denso y vacío,
que seguiremos juntos paso a paso.

El cuerpo que repites en la brisa
—tan próximo— sin velos y sin plumas,
se quemará muy pronto con la prisa.

Naces, cuerpo sonoro, de la espuma
cuajando desde siempre tu sonrisa
en la carne posible de las brumas.

VICTORIANO CREMER
(1910...)

¿Serás, amor?

Ya presiento tu voz en las cimas del alba
y me crujen los huesos del alma a tu contacto;
adivino tu huella en la ladera calva
y en las venas me quema el calor de tu tacto.

Anticipo tu paso en el corcel del viento,
y el corazón crepita como una vieja encina;
tu carne derramada –beso, luz o lamento–
me seca y me reduce con terquedad de espina.

Tu grito, derrumbado de fustes circuncisos
apresura mis pulsos en negras oleadas,
y te revisto, arcángel, de altivos paraísos
donde florecen plantas y manos y miradas.

GRACILIANO CHAVERRI

Tus ojos

Todo en ti me enamora y me fascina:
tu seductora faz americana,
tu talle y tu figura soberana,
tu deslumbrante cabellera ondina.

Tu voz —que de tu boca purpurina
como cascada bullidora mana—
y esa arrogancia de sultana
que es de una venus la actitud divina.

Mas nada, nada, en mi entusiasmo, tanto
me admira de tus gracias y me asombra,
como tus ojos en que amor destilas.

Que el mismo Dios, por aumentar tu encanto,
en forma de astros condensó la sombra
y los puso en tus ojos por pupilas…

GUILLERMO DÍAZ-PLAJA
(1909–1984)

Mano

Rozo tu mano que hacia mí se tiende
en la penumbra cómplice y callada
igual que a una azucena desmayada
acaricia el clavel que la defiende.

¡Oh, blancura de nieve que me enciende
en una primavera levantada!
Estremecida ya y transfigurada
al gesto que subyuga y que comprende.

¿Sólo una mano? ¡Sólo un ciego impulso
de flor cortada inútil al sentido?
¿Sólo esa perla alzada en el encaje?

Sólo esa mano en la que late un pulso
por donde sin descanso y sin ruido
el corazón me envía su mensaje.

GERARDO DIEGO
(1896–1987)

Rosa mística

Era ella
      y nadie lo sabía.
Pero cuando pasaba,
los árboles se arrodillaban.
    Anidaba en sus ojos
       el «Ave María»,
y en su cabellera
        se trenzaban las letanías.
    Era ella.
       Era ella.
Me desmayé en sus manos,
como una hoja muerta,
       en sus manos ojivales
        que daban de comer a las estrellas.
    Por el aire volaban
romanzas sin sonido,
      y en su almohada de pasos
      me quedé dormido.

Ahogo

Déjame hacer un árbol con tus trenzas.
Mañana me hallarán ahorcado
en el nudo celeste de tus venas.
      Se va a casar la novia
      del marinerito.
        Haré una gran pajarita
      con sus cartas cruzadas,
      y luego romperé
      la luna de una pedrada.
        Neurastenia, dice el doctor.
      Gulliver
      ha hundido todos sus navíos.
      Codicilo: dejo a mi novia
      un puñal y una carcajada.

Quisiera ser...

Quisiera ser convexo
para tu mano cóncava,
y como un tronco hueco
para acogerte en mi regazo
y darte sombra y sueño.
Suave y horizontal e interminable
para la huella alterna y presurosa
de tu pie izquierdo
y de tu pie derecho.
La de todas las formas
como agua, siempre a gusto, en cualquier vaso,
siempre abrazándote por dentro.
Y también como vaso
para abrazar por fuera al mismo tiempo.
Como el agua hecha vaso
tu confín –dentro y fuera– siempre exacto.

Ella

¿No la conocéis? Entonces
imaginadla, soñadla.
¿Quién será capaz de hacer
el retrato de la amada?

Yo sólo podría hablaros
vagamente de su lánguida
figura, de su aureola
triste, profunda y romántica.

Os diría que sus trenzas
rizadas sobre la espalda
son tan negras que iluminan
en la noche. Que cuando anda,

no parece que se apoya,
flota, navega, resbala...
Os hablaría de un gesto
muy suyo... de sus palabras,

a la vez desdén y mimo,
a un tiempo reproche y lágrimas,
distantes como en un éxtasis,
como en un beso cercanas...

Pero no: cerrad los ojos,
imaginadla, soñadla,
reflejada en el cambiante
espejo de vuestra alma.

JUAN DEL ENCINA
(1469–1529)

Ojos garzos ha la niña

Ojos garzos ha la niña:
¿quién se los enamoraría?
Son tan bellos y tan vivos,
que a todos tienen cautivos;
mas muéstralos tan esquivos
que roban el alegría.
Roban el placer y gloria,
los sentidos y memoria:
de todos llevan victoria
con su gentil galanía.
Con su gentil gentileza
ponen fe con más firmeza,
hacen vivir en tristeza
al que alegre ser solía.
No hay ninguno, que los vea,
que su cautivo no sea:
todo el mundo los desea
contemplar de noche y día.

JOSÉ DE ESPRONCEDA
(1808–1842)

Las quejas de su amor

Bellísima parece
al vástago prendida,
gallarda y encendida
de Abril la linda flor;
empero muy más bella
la virgen ruborosa
se muestra, al dar llorosa
las quejas de su amor.
Suave es el acento
de dulce amante lira,
si al blando son suspira
de noche el trovador;
pero aún es más suave
la voz de la hermosura
si dice con ternura
las quejas de su amor.
Grato es en noche umbría
al triste caminante
del alma radiante
mirar el resplandor;
empero es aún más grato
al alma enamorada
oír de su adorada
las quejas de su amor.

Canto a Teresa (fragmento)

¡Oh, Teresa! ¡Oh, dolor! Lágrimas mías,
¡ah! ¿dónde estáis que no corréis a mares?
¿Por qué, por qué como en mejores días
no consoláis vosotras mis pesares?
¡Oh, los que no sabéis las agonías
de un corazón que penas a millares,
¡ay! desgarraron, y que ya no llora,
piedad tened de mi tormento ahora!

SERAFÍN ESTÉBANEZ CALDERÓN
(1799–1867)

La aflicción

Si tú me encontraras,
¡oh, Zaida, inclemente!,
llorando en el valle
tus crudos desdenes;
si oyeras mi labio
suspirar vehemente,
o en silencio amargo
devorarme a veces;
si incierto me hallaras
vagando demente,
el seno hecho pira,
los ojos dos fuentes,
acaso trocaras,
condolida al verme,
en cera tu pecho,
en fuego tu nieve;
con miel redimieras
las pasadas hieles,
y cada tormento
con dulces deleites.

NICOLÁS FERNÁNDEZ DE MORATÍN
(1737–1780)

Dorisa en traje magnífico

¡Qué lazos de oro desordena el viento,
entre gorzotas altas y volantes!
¡Qué riqueza oriental y qué cambiantes
de luz que envidia el sacro firmamento!
¡Qué pecho hermoso do el Amor su asiento
puso, y de allí fulmina a sus amantes,
absortos al mirar las elegantes
formas, su delicioso movimiento!
¡Qué vestidura arrastra, de preciado
múrice tinta y recamada en torno
de perlas que produjo el centro frío!
¡Qué extremo de beldad al mundo dado
para que fuese de él gloria y adorno!
¡Qué heroico y noble pensamiento el mío!

MANUEL FERNÁNDEZ Y GONZÁLEZ

(1821–1888)

Los amores de Aben-Zaide

De eunucos acompañado
y precedido de guardias,
en el harén de Abdalá,
moro que es rey en la Alhambra,
entró el valiente Aben-Zaide
en demanda de una esclava
que el rey a su amor concede
en premio de cierta hazaña
que dejó sangrienta huella
en la frontera cristiana.
La esclava, puesta en el suelo
la hermosísima mirada;
y Aben-Zaide, de rodillas
de tal manera le habla:

«Nazarena que el rey moro
guarda en su harén cual tesoro
a sus amores velado;
la sultana en hermosura,
la de gentil apostura,
la del cabello dorado;
yo al rey moro juré un día,
si tu amor me concedía,
llevar su roja bandera
hasta el confín castellano,
y entrar venciendo al cristiano
en Jerez de la Frontera.

»Tulipán de los harenes,
si a mis jardines te vienes,
si, entre la verde espesura
que agita el aura galana,
la luna alumbra mañana
el cielo de tu hermosura;
si, en mis divanes dormida,
te miro feliz, mi vida;
si, al despertar con la aurora,
sonríes a quien te adora
y tu mirada hechicera
veo en mis ojos posada,
bendita sea mi entrada
en Jerez de la Frontera.

»Alcaide soy en Alhama;
el rey su león me llama;
tiembla a mi voz el cristiano.
Cinco villas y un castillo
sustentan el regio brillo
de mi nombre soberano.
Llevo a la lid mil cenetes,
en blancas yeguas jinetes;
mi fama el mundo venera,
y una mora no se hallara
que al vencedor desdeñara
en Jerez de la Frontera.

»Eunucos, francas estén
las salidas del harén:
el rey me da esta doncella.
Gacela, mi esclava eres:
¡ay de ti, si mi amor hieres
y no es amarme tu estrella!
Pronto en mi harén estarás;
¡Eunucos, sacadla afuera!
¡atrás, esclavos, atrás!
Y, si mi fe no es premiada,
¡maldita sea mi entrada
en Jerez de la Frontera!

FRANCISCO DE FIGUEROA
(1536–1620)

Soneto

Bendito seas, Amor perpetuamente,
tu nombre, tu saeta, venda y fuego;
tu nombre, por quien vivo en tal sosiego
amado y conocido de la gente;

tu flecha, que me hizo así obediente
de aquélla, por quien todo el mundo niego;
tu venda, con que me hiciste ciego,

y el fuego sea bendito, cuya llama
no toca al cuerpo, que es sutil y pura,
y el alma sola de su gloria siente.

Y así el dichoso espíritu que ama
dirá, tu rostro viendo y tu figura:
«Bendito seas, Amor, perpetuamente.»

JOSÉ MARÍA GABRIEL Y GALÁN
(1870–1905)

El ama (fragmento)

Yo aprendí en el hogar en que se funde
la dicha más perfecta,
y para hacerla mía
quise yo ser como mi padre era
y busqué una mujer como mi madre
entre las hijas de mi hidalga tierra
y fui como mi padre y fue mi esposa
viviente imagen de la madre muerta.
¡Un milagro de Dios, que ver me hizo
otra mujer como la santa aquella!
Compartían mis únicos amores
la amante compañera,
la patria idolatrada,
la casa solariega
con la heredada historia,
con la heredada hacienda.
¡Qué buena era la esposa
y qué feraz mi tierra!
¡Qué alegre era mi casa
y qué sana mi hacienda,
y con qué solidez estaba unida
la tradición de la honradez a ellas!
Una sencilla labradora, humilde,
hija de oscura castellana aldea;
una mujer trabajadora, honrada,
cristiana, amable, cariñosa y seria,
trocó mi casa en adorable idilio

que no pudo soñar ningún poeta.
¡Oh, cómo se suaviza
el penoso trajín de las faenas
cuando hay amor en casa
y con él mucho pan se amasa con ella
para los pobres que a su sombra viven,
para los pobres que por ella bregan!
¡Y cuánto lo agradecen, sin decirlo,
y cuánto por la casa se interesan,
y cómo ellos la cuidan,
y cómo Dios la aumenta!

JUAN NICASIO GALLEGO
(1777–1853)

A Glicera

¿Qué imposible no alcanza la hermosura?
¿Quién no cede a su hechizo soberano?
Adonde llega su poder tirano
la fábula, la historia lo asegura.

Renuncia Adán la celestial ventura,
su dulce halago resistiendo en vano;
por ella Paris el valor troyano
arma y conduce a perdición segura.

De una manzana la belleza rara
causó de entrambos la desdicha fiera
que de tu amor los gustos acibara:

mas si a verte llegara, mi Glicera,
el uno de tu mano la tomara,
el otro a tus encantos la rindiera.

ÁNGEL GANIVET
(1865–1898)

El enamorado

Aun, si me fueras fiel,
me quedas tú en el mundo. Sombra amada.
Muere el amor, mas queda su perfume.
Voló el amor mentido,
mas tú me lo recuerdas sin cesar...
Le veo día y noche.
En mi espíritu alumbra
el encanto inefable
de su mirada de secretos llena.
Arde en mis secos labios
el beso de unos labios que me inflaman,
y cerca de mi cuerpo hay otro cuerpo
que me toca invisible.
Mis manos, amoroso
extiendo para asirla
y matarla de amor entre mis brazos,
y el cuerpo veloz huye
y sólo te hallo a ti, ¡mujer de aire!

Añoranza

Otras veces me contabas
tus más ocultos deseos
y hablando de nuestro amor
los dos, uno solo éramos:
uno el corazón latía...
uno solo nuestro aliento.

Nuestras manos se enlazaban,
formando eslabón estrecho;
se buscaban las pupilas,
dándose callados besos...
y las almas se veían
y se amaban en silencio.

Ya no somos los dos uno...
yo oigo suspirar tu pecho...
tus manos abandonadas
quedarse en mis manos siento.
Tus bellos ojos velados
me miran, sin darme besos...
y nuestras almas se hablan
por no mirarse en silencio...

Luego, yo te recitaba
poesías que el sentimiento,
no el arte, me iba dictando...
y era mi mayor contento
que tú después las guardaras
como amoroso recuerdo,
en el viejo relicario
que tienes junto a tu pecho.

Y tu también me leías
tus versos, divinos versos…
sonrisas de tu mirada
y suspiros de tu seno…
dulces plegarias de niña…
del alma puros acentos...

Amor

¡Detrás del vivir soñando,
viene el morir sin soñar!
¡Ay de aquel que al despertar
no tiene a su amor al lado!

Mas yo no quiero un amor
que de mí se compadezca,
quiero que por mí padezca,
que sufra con mi dolor...
que vea en mí el mundo entero
como yo en él lo veré.
Yo en él sólo pensaré;
que en mí solo piense quiero.

¿Cómo podré yo vivir
si está en brazos de otro dueño?
Ni, ¿cómo turbar su ensueño
con ayes de mi sufrir?...
Tengo un solo corazón
y amo en una sola parte...
Ese amor que se comparte
en una triste ficción...

ANTONIO GARCÍA GUTIÉRREZ
(1813–1884)

La Aurora

Ya brilla la aurora fantástica, incierta,
velada en su manto de rico tisú,
¿por qué, niña hermosa, no se abre tu puerta?
¿Por qué cuando el alba las flores despierta
durmiendo estás tú?

Llamando a tu puerta, diciendo está el día:
—Yo soy la esperanza que ahuyenta el dolor.
El ave te dice: —Yo soy la armonía.
Y yo, suspirando, te digo: —Alma mía,
yo soy el amor.

FEDERICO GARCÍA LORCA
(1899–1936)

Remansillo

Me miré en tus ojos
pensando en tu alma
        Adelfa blanca.
Me miré en tus ojos
pensando en tu boca
        Adelfa roja.
Me miré en tus ojos,
¡pero estabas muerta!
        Adelfa negra.

Desposorio

Tirad ese anillo
al agua.

(La sombra apoya sus
dedos sobre mi espalda.)

Tirad ese anillo. Tengo
más de cien años. ¡Silencio!

¡No preguntadme nada!

Tirad ese anillo
al agua.

Cancioncilla del primer beso

En la mañana verde
quería ser corazón.
Corazón.

Y en la tarde madura
quería ser ruiseñor.
Ruiseñor.

(Alma
ponte color, naranja.
Alma
ponte color de amor.)

En la mañana viva,
yo quería ser yo.
Corazón.

Y en la tarde caída
quería ser mi voz.
Ruiseñor.

(Alma
ponte color naranja.
Alma
ponte color de amor.)

Madrigalillo

Cuatro granadas
tiene tu huerto.

(Toma mi corazón
nuevo.)

Cuatro cipreses
tendrá tu huerto.

(Toma mi corazón
viejo.)

Sol y luna
luego...
¡Ni corazón,
ni huerto!

ATILIO GARCÍA Y MELLID

Estrella simbólica

Ha sido nuestro amor como una nave
que se deja marchar sin pena alguna;
quedó un recuerdo apenas tan suave,
tan vago y tan azul como la luna.

Ha sido nuestro amor como una nave
que se deja marchar sin pena alguna.
Pero un día volvió la nave aquella,
y le fue tan propicio su regreso

que se durmió bajo la clara estrella,
alada y musical, de nuestro beso.
Y así, como en los cuentos orientales.

Desde entonces, un astro nos asiste
que es la copia cabal de nuestros males
e igual a nuestro amor: ¡un poco triste!

JOSÉ GARCÍA NIETO
(1914...)

Emplazado a quietud estaba el vuelo

Emplazado a quietud estaba el vuelo;
a silencio la voz, y el alma a olvido.
Herido estoy de amor y no vencido,
ni evito el aire ni evidencio el suelo.
Ni tu palabra invade mi desvelo
ni en tu ausencia se crece mi descuido:
se alza a mi lado el pálpito del nido
sobre la sangre inédita del celo.
¡Qué mal guerrero fue de tu impaciencia!
¡Qué mal abril del agua renovada
que te encontró hecha junco en la ribera!
Luché sin triunfo en lid de adolescencia
con un dolor antiguo en la mirada
y una ambición novísima en la espera.

Arrojado a tu luz madrugadora

Arrojado a tu luz madrugadora,
me muero niño y soy todo un deseo
del varón en continuo jubileo
hacia tu corazón de ruiseñora.

De trino escalador junto a la aurora
eres, y voy a ti, y hay un torneo
donde la algarabía del gorjeo
triunfa en mí y en mí se condecora.

Arrancados de un sueño o de una fuente,
por tu espada los límites del nardo
me mintieron temprana primavera.

Y estoy ahora por ti tempranamente,
como nadie, de amor herido, y tardo
en morirme de amor, como cualquiera.

GASPAR GIL POLO
(1516–1572)

Copla

Si os pesa de ser querida,
yo no puedo no os querer;
pesar habréis de tener
mientras yo tuviera vida.

Glosa

Si pudiendo conoceros,
pudiera dejar de amaros,
quisiera, por no enojaros,
poder dejar de quereros;
mas pues vos seréis querida
mientras yo podré querer,
pesar habréis de tener
mientras yo tuviera vida.

Soneto

Probaron en el campo su destreza
Diana, Amor y la pastora mía,
flechas tirando a un árbol que tenía
pintado un corazón en su corteza.

Allí apostó Diana su belleza,
su arco Amor, su libertad Argía,
la cual mostró en tirar más gallardía,
mejor tino, denuedo y gentileza.

Y así ganó a Diana la hermosura,
las armas a Cupido, y ha quedado
tan bella y tan cruel de esta victoria

que a mis cansados ojos su figura
y el arco fiero al corazón cuitado
quitó la libertad, la vida y gloria.

GERTRUDIS GÓMEZ DE AVELLANEDA
(1814–1873)

A él

Era la edad lisonjera
en que es un sueño la vida;
era la aurora hechicera
de mi juventud florida,
en su sonrisa primera.

Cuando sin rumbo vagaba
por el campo silenciosa,
y en escuchar me gozaba
la tórtola que entonaba
su querella lastimosa.

Melancólico fulgor
blanca luna repartía,
y el aura leve mecía
con soplo murmurador
la tierna flor que se abría.

¡Y yo gozaba! El rocío,
nocturno llanto del cielo,
el bosque espeso y umbrío,
la dulce quietud del suelo,
el manso correr del río.

Y de la luna el albor,
y el agua que murmuraba,
acariciando la flor,
y el pájaro que cantaba...
¡Todo me hablaba de amor!

Y trémula, palpitante,
en mi delirio extasiada,
miré una visión brillante
como el aire, perfumada,
como las nubes, flotante.

Ante mí resplandecía,
como un astro brillador,
y mi loca fantasía
al fantasma seductor
tributaba idolatría.

Escuchar pensé su acento
en el canto de las aves;
eran las auras su aliento
cargadas de aromas suaves
y su estancia el firmamento.

¿Qué ser extraño era aquél?
¿Era un ángel o era un hombre?
¿Era Dios o era Luzbel...?
¿Mi visión no tiene nombre?
¡Ah!, nombre tiene... ¡Era él!

LUIS DE GÓNGORA
(1561–1627)

Soneto

La dulce boca que a gustar convida
con humor entre perlas destilado,
y a no envidiar aquel licor sagrado
que a Júpiter ministra el Garzón de Ida;

amantes, no toquéis, si queréis vida,
porque, entre un labio y otro colorado,
amor está, de su veneno armado,
cual entre flor y flor sierpe escondida.

No os engañen las rosas, que a la aurora
diréis que aljofaradas y olorosas
se le cayeron del purpúreo seno.

Manzanas son de Tántalo, y no rosas,
que después huyen del que incitan ora,
y sólo del amor queda el veneno.

Soneto

Mientras por competir con tu cabello
oro bruñido, el sol relumbra en vano;
mientras con menosprecio, en medio el llano,
mira tu blanca frente el lirio bello;

mientras a cada labio, por cogello,
siguen más ojos que al clavel temprano,
y mientras triunfa con desdén lozano
del luciente marfil tu gentil cuello;

goza cuello, cabello, labio y frente,
antes de lo que fue en tu edad dorada
oro, lirio, clavel, marfil luciente,

no sólo en plata o viola truncada
se vuelva, mas tú y ello juntamente
en tierra, en polvo, en sombra, en nada.

Soneto

En el cristal de tu divina mano
de amor bebí el dulcísimo veneno,
néctar ardiente que me abrasa el seno,
y templar con la ausencia pensé en vano;

tal, Claudia bella, del rapaz tirano
es arpón de oro tu mirar sereno,
que cuanto más ausente de él, más peno,
de sus golpes el pecho menos sano.

Tus cadenas al pie, lloro el ruido
de un eslabón y otro mi destierro
más desviado, pero más perdido.

¿Cuándo será aquel día que por yerro
¡oh, serafín!, desates, bien nacido,
con manos de cristal nudos de hierro?

JORGE GUILLÉN
(1893–1984)

El manantial

Mirad bien, ¡ahora!
Blancuras en curva,
triunfalmente una,
¡frescor hacia forma…!

Guían su equilibrio
por entre el tumulto
pródigo, futuro,
de un caos ya vivo.

El agua desnuda,
se desnuda más.
¡Más, más, más! Carnal,
se ahoga, se apura.

¡Más, más! ¡Por fin…! ¡Viva!
Manantial, doncella:
escorzo de piernas,
tornasol de guijas.

Y emerge compacta
del río que pudo
ser, esbelto y curvo,
toda la muchacha.

Presa en tu exactitud

Presa en tu exactitud
inmóvil y regalándote,
a un poder te sometes,
férvido, que me invade.

¡Amor: ni tú ni yo,
nosotros, y, por él,
todas las maravillas
en que el ser llega a ser!

Se colma el apogeo
máximo de la tierra;
aquí está: la verdad
se revela y nos crea.

¡Oh, realidad, por fin
real, en aparición!
¿Qué universo me nace
sin velar a su Dios?

Pesa, pesa en mis brazos,
alma, fiel a tu volumen.
Dobla con abandono,
alma, tu pesadumbre.

GUTIERRE DE CETINA
(1520–1557)

Madrigal

Cubrir los bellos ojos
con la mano que ya me tiene muerto,
cautela fue por cierto,
que ansí doblar pensaste mis enojos.
Pero de tal cautela
harto mayor ha sido el bien que el daño:
que el resplandor extraño
del sol se puede ver mientras se cela.

Así que, aunque pensaste
cubrir vuestra beldad, única, inmensa,
yo os perdono la ofensa,
pues, cubiertos, mejor verlos dejaste.

Ojos claros, serenos...

Ojos claros, serenos,
si de un dulce mirar sois alabados,
¿por qué, si me miráis, miráis airados?
Si cuanto más piadosos,
más bellos parecéis a aquel que os mira,
no me miréis con ira,
porque no parezcáis menos hermosos.
¡Ay, tormentos rabiosos!
Ojos claros, serenos,
ya que así me miráis, miradme al menos.

FERNANDO GUTIÉRREZ
(1911...)

Elegias de tu ausencia (fragmento)

He de volver a verte
y morirme de nuevo entre tus brazos.
Me he de morir mejor que tantos días.
Invadidos mis ojos por tu aliento,
por la cóncava luz de tu garganta,
anunciado de amor entre tus ojos,
me verteré en tus venas como un río.
Qué celestial ternura
he de encontrar brillando en tus mejillas,
mientras tus dulces dedos anochecen
y amortecida en el amor me sueñas
mucho mejor teniéndome a tu lado.
El rumor de tu pelo,
que advierto sólo yo cuando me besas,
resbalará feliz a tus pestañas
por los dulces linares de tus sienes.
Yo aguardaré el sonido tembloroso
para verlo brillar entre tus párpados
cuando tus ojos teman de mis besos
el abierto paisaje de mis venas.
El dulce simulacro de tu muerte
sobre tu cuerpo, ya sin fuerzas, mío,
se curvará feliz sobre mi brazo
como una rosa lenta y pensativa.
Cuando tu voz se niegue a ser la tuya
y tus ojos me vean por la niebla
espumosa y mojada de tus párpados,

serás desnuda, doblemente mía.
He de volver a verte
y a morirme de nuevo entre tus manos.
A morirme mejor que en esta ausencia
donde tu doble entrega es aire y nada.

MIGUEL HERNÁNDEZ
(1910–1942)

Te me mueres de casta y de sencilla

Te me mueres de casta y de sencilla
estoy convicto, amor, estoy confeso
de que, raptor intrépido de un beso,
yo te libé la flor de la mejilla.

Yo te libé la flor de la mejilla,
y desde aquella gloria, aquel suceso,
tu mejilla, de escrúpulo y de peso,
se te cae deshojada y amarilla.

El fantasma de beso delicuente
el pómulo te tiene perseguido,
cada vez más patente, negro y grande.

Y sin dormir estás, celosamente,
vigilando mi boca, ¡con qué cuido!
para que no se vicie y se desmande.

FERNANDO DE HERRERA
(1534–1597)

Soneto

Ardía, en varios cercos recogido,
del crispante cabello en torno, el oro,
que en bellos lazos coronado adoro,
dichoso en el dolor del mal sufrido.

Vibraba el esplendor esclarecido
y dulces rayos, del amor tesoro,
por quien en pérdida busco siempre y lloro
la gloria de mi daño consentido.

Veste negra, descuido recatado,
suave voz de angélica armonía
era, mesura y trato soberano.

Yo, que tal no esperaba, transportado,
dije, en la pura luz que me encendía:
«No encierra tal valor semblante humano.»

Soneto

Tan alto esforzó el vuelo mi esperanza,
que mereció perderse en su osadía;
yo bien lo sospechaba y le temía
de su atrevida empresa la venganza.

No me escuchó, y siguió con confianza
que huyó con los bienes que tenía;
y conmigo en tal cuita y agonía
se adolece y lamenta en la mudanza.

Para aliviar la culpa en tanto daño,
de Faetón el rayo le recuerdo,
y de su intento ufano la memoria;

que solo ya me sirvo del engaño,
en mi mal, y en mi error penando, pierdo
sin razón, las promesas de mi gloria.

Soneto

Delicioso fue el ardor, dichoso el vuelo
con que, desamparado de la vida,
dio Ícaro en su gloria esclarecida
nombre insigne al salado y hondo suelo.

Y quien despeñó el rayo desde el cielo
en la onda del Eridano encendida,
que llorosa lamenta y afligida
Lampecie, en el hojoso y duro velo.

Pues de uno y otro eterna es la osadía
y el generoso intento, que a la muerte
negaron el valor de sus despojos,

yo, más dichoso en la alta empresa mía,
que hasta el Olimpo me encumbró mi suerte
y ardí vivo en la luz de vuestros ojos.

Estancias (fragmentos)

Amor, amor, quien de tus glorias cura,
busque el aire y apriételo en la mano,
conocerá el placer cómo es liviano
y el pesar cómo es grave y cuánto dura;

goce el mísero amante su aventura
como el que es convidado del tirano
que ve sobre el cabello estar colgada
de un frágil pelo una tajante espada.

Ábrase el corazón, mas por de dentro,
como no me condene por mi boca;
siéntalo el alma sola que le toca,
pues allá recibió el mayor encuentro.

Cualquiera confianza, aunque sea poca,
me pondría en lo más hondo del centro.
El goloso que come y que revienta
no se espante, si ayuna, que lo sienta.

Yo me vi en otro tiempo de alegría
por voluntad ajena o por mi hado,
mas poco me duró este dulce estado
porque mi alma no lo merecía.

Alzóse un ciego y súbito nublado
que hizo noche oscura el claro día,
en que vivo, señora, y vivir quiero,
hasta volverme a ver como primero.

Soneto

Volved, suaves ojos, la luz pura,
si a esto da lugar vuestra grandeza,
y templad mi dolor; que la dureza
no cabe en vuestra inmensa hermosura.

La soberbia y desdén harán oscura
la mucha claridad de vuestra alteza,
y no es blasón de singular belleza
trocar en mal el bien de mi ventura.

Después que Amor dejó, serenos ojos,
por vos el celeste orbe, el dulce puesto
mejoró alegre en vos, y honró la tierra.

Mirad o no mi cuita y mis enojos
(¡tal es mi noble afán!), yo estoy dispuesto
para morir ufano en esta guerra.

DIEGO HURTADO DE MENDOZA
(1503–1575)

Quiero lo que no ha de ser

El gusto de contemplaros
nadie le alcanza sin veros,
y pues merecí miraros,
quiero morir por quereros
más que vivir sin amaros:

y si ofende a vuestro ser
entender que por vos muero,
discúlpese con saber,
señora, que ya que quiero,
quiero lo que no ha de ser.

Soneto

Tiempo vi que amor puso un deseo
honesto en un honesto corazón;
tiempo vi yo, que agora no lo veo,
que era gloria, y no pena, mi pasión.

Tiempo vi yo que por una ocasión
dura angustia y congoja, y si venía,
señora, en tu presencia, la razón
me faltaba, y la lengua enmudecía.

Más que quisiera he visto, pues Amor
quiere que llore el bien y sufra el daño,
más por razón que no por accidente.

Crece mi mal, y crece en lo peor,
en arrepentimiento y desengaño,
pena del bien pasado y mal presente.

JOSÉ IGLESIAS DE LA CASA
(1748–1791)

El premio de amor

Mi florido huerto
por mí cultivado,
ser testigo suele
del pastor que yo amo.

La primera manzana
que aún no se ha pintado
será solamente
de mi enamorado.

Aunque para el gusto
del zagal lozano
más bellas manzanas
yo conservo y guardo.

Dárselas he en premio,
dárselas he en pago
de lo atento y fino
que se me ha mostrado.

El sueño y el deseo

Cuando yo en el prado
me pongo a dormir,
sueño que me halaga
mi pastor gentil.

Despierto, y no viendo
holgar y reír
a Alexi comnigo,
cual en sueños vi,

de mí no me acuerdo
ni acierto a vestir
ni escucho el ganado
que bala por mí.

El año que viene
no le tendré así;
que yo de mi lado
no le he dejado ir;

pues casarnos hemos
los dos por abril,
y en abismo de gozo
hemos de dormir.

JUAN DE JÁUREGUI
(1583–1641)

Afecto amoroso comunicado al silencio

Deja tu albergue oculto,
mundo silencio, que en el margen frío
de este sagrado río
y en este valle solitario inculto,
te guarda el pecho mío.

Entra en mi pecho, y te diré medroso
lo que a ninguno digo,
de que es amor testigo,
y aun a ti revelarlo apenas oso.
Ven, ¡oh, silencio fiel!, y escucha atento
tú solo, mi callado pensamiento.

Sabrás (mas no querría
me oyese el blando céfiro, y al eco
en algún tronco hueco
comunicase la palabra mía,
o que en el agua fría
el Betis escondido me escuchase);
sabrás que el cielo ordena
que con alegre pena
en dulces llamas el amor me abrase,
y que su fuego, el corazón deshecho,
de sus tormentos viva satisfecho…

No quiera el cielo que a la dulce calma
de tu beldad serena
turbe una breve pena,
aunque mil siglos la padezca el alma.
Dile, silencio, tú, con señas mudas,
lo que ha ignorado siempre y tú no dudas.

Mas, ¡ay!, no se lo digas,
que es forzoso decirlo en mi presencia;
y bien que la decencia
de tu recato advierto, al fin me obligas
que espere su sentencia,
y el temor ya me dice en voz expresa:
«No has sido poco osado
sólo en haberla amado;
no te abalances a mayor empresa;
basta que sepan tu amorosa historia
el eterno secreto y tu memoria.»

JUAN RAMÓN JIMÉNEZ
(1881–1958)

Amor

Entera, en la mañana, cada día
para mí; toda, cuerpo y alma
–flor cerrada de nuevo con la aurora,
con su perfume recogido,
barca tornada al puerto, con el sol,
de su pesca nocturna mar adentro,
con su vela plegada–;
haciéndome gustosa –entera para mí–,
como una reina buena, entre sonrisas olvidadas de la
[gloria,
la donación del sueño.

Rosas

Tu amor –¡qué alegre!–
saca, cantando, con sus brazos frescos,
agua del pozo de mi corazón.

El cubo da contra mi pecho,
y derrama, fría, el agua gorda
–¡qué alegría!– en mi alma.
–Se ríe la cadena en el carrillo,
con su gorrión volando sobre ti…–

Ya está tu cubo lleno
–¡qué alegre!–
en mi boca, el brocal.
…Tu amor –¡qué alegre!–
riega sus rosas en mi corazón.

Eternidades

Te conocí, porque al mirar la huella
de tu pie en el sendero,
me dolió el corazón que me pisaste.

Corrí loco; busqué por todo el día,
como un perro sin amo.

…¡Te habías ido ya! Y tu pie
pisaba mi corazón, en un huir sin término
cual si él fuera el camino
que te llevaba para siempre…

RICARDO LEÓN
(1877–1943)

Horas de amor

¿Te acuerdas? Quise, con impulso leve,
sobre tu pecho colocar mi oído
y escuchar el dulcísimo latido
con que tu blando corazón se mueve.

Prendí en mis brazos tu cintura breve
y hundí mi rostro en el caliente nido
de tu seno, que es mármol encendido,
carne de flores y abrasada nieve.

¡Con qué prisa y qué fuerza palpitaba
tu enamorado corazón! Pugnaba
tu talle, en tanto, más, con ansia loca,

bajo la nieve el corazón latía,
y, en su gallarda rebelión, quería
saltar del pecho por besar mi boca…

Sonetillo

Padezco un fiero dolor
que no se puede sufrir,
que ni se sabe decir
de puro atormentador.

Es una pena, un favor
que no me deja vivir,
que no me deja morir...
¡mi enfermedad es Amor!

Quienes sufren penas tales
llevarán siempre sus males
adonde quiera que fueren.

Estas dolencias de amores
son las dolencias peores:
porque ni matan ni mueren.

ALBERTO LISTA
(1775–1848)

A Delia

Si vi tus ojos, Delia, y no abrasaron
mi corazón en amorosa llama;
si vi tus labios, que el abril inflama
de ardiente rosa, y no me enajenaron;

si vi el seno gentil, do se anidaron
las gracias; do el carmín, que Venus ama,
sobre luciente nieve se derrama,
e inocentes mis ojos lo miraron;

no es culpa, no, de tu beldad divina,
culpa es del infortunio que ha robado
la ilusión deliciosa al pecho mío.

Mas si en el tuyo la bondad domina,
más querrás la amistad de un desgraciado
que de un dichoso el tierno desvarío.

A Filis

En vano, Filis bella, afectas ira,
que es dulce siendo tuya, y mas en vano
nos insulta ese labio soberano
do entre claveles la verdad respira.

Un tierno pecho que por ti suspira
esa linda esquivez adora en vano,
y por ser tuyo se contenta insano
si, no pudiendo amor, desdén te inspira.

No esperes que ofendidos tus amores
huyan de tu halagüeño menosprecio
ni de sufrir se cansen tus rigores;

aun más esclavos los tendrás que amores,
pues vale más, oh Filis, tu desprecio
que de mil hermosuras mil favores.

LÓPEZ DE AYALA
(1332–1407)

Déjame penetrar por este oído

Déjame penetrar por este oído,
camino de mi bien el más derecho,
y en el rincón más hondo de tu pecho
deja que labre mi amoroso nido.

Feliz eternamente y escondido
viviré de ocuparle satisfecho...
¡De tantos mundos como Dios ha hecho,
este espacio no más a Dios le pido!

Ya no codicio fama dilatada,
ni el aplauso que sigue a la victoria,
ni la gloria de tantos codiciada...

Quiero cifrar mi fama en tu memoria;
quiero encontrar mi aplauso en tu mirada,
y en tus brazos de amor toda mi gloria.

JOSÉ MARÍA LUELMO
(1904...)

Nacer

Sólo la curva lírica del puente
sobre la voz del día inextinguible;
sólo líquidos muros o luceros
sobre tus huellas frágiles percibo.

Toda la magnitud de los azares
—que nos unen o creen con milagro—
bajo los hondos mares se dilata.

Así tu mano encierra los confines.
Así tu sombra sólida se aviene
a concebir mis nuevas soledades.

No de las muertas huellas nace el día
que vive y muere entre los labios tuyos.
¡Cómo los sueños giran y se ciernen,
así nacen la luz y los amores!

LEOPOLDO DE LUIS
(1918...)

Será sencillamente

¿Cómo decirte cómo? Será como las flores
que nievan de blancura un corazón de ramas.
Como el sol de la tarde que madura colores
y matiza la sierra de doradas escamas.
Será con esa dulce sencillez de las cosas
que anima la espontánea sucesión de los días.
Será cual los rosales se iluminan de rosas
y las tardes se mueren en guedejas sombrías.
Será con ese arte de la vida diaria,
con esa poesía que hay en lo cotidiano,
esa oscura armonía del alma solitaria,
esa sorda belleza del primer artesano.
Será sencillamente; sin palabras vacías
ni artificios inútiles: como mana la fuente.
Señor: ¡Es tan hermoso amar sencillamente!
Como vuelan los pájaros, como pasan los días…

ANTONIO MACHADO

(1875–1939)

Amada, el aura dice

Amada, el aura dice
tu pura veste blanca...
No te verán mis ojos;
¡mi corazón te aguarda!
El viento me ha traído
tu nombre en la mañana
el eco de tus pasos
repite la montaña...
No te verán mis ojos;
¡mi corazón te aguarda!
En las sombrías torres
repican las campanas...
No te verán mis ojos
¡mi corazón te aguarda!
Los golpes del martillo
dicen la negra caja,
y el sitio de la fosa.
Los golpes de la azada...
No te verán mis ojos;
¡mi corazón te aguarda!

MANUEL MACHADO
(1874–1947)

**Madrigal a una chica…
que no entiende de madrigales**

Gongorinamente,
te diré que eres noche,
disfrazada
de claro día azul…

Azul es tu mirada,
y en el áureo derroche
de tu pelo de luz hay un torrente
de alegría y de luz.

Pero como la noche,
eres dulce y terrible,
misteriosa,
llena de muertes, de pasión,

y tan voluptuosa e indecible
cuando, candente flor, abres el broche
del corazón,
que eres… toda, ¡la Noche!

Del querer

Morucha de mis carnes,
morena de mi alma - reina,
¿por qué se han puesto mustias
las rosas de tu cara?

¿Qué quieres que te diga?
¿Qué quieres que te haga - negra?
Porque tú no estés triste
daría yo mi alma.

Dejaré a los amigos,
no beberé una caña - sangre…
Me casaré contigo
cuando te dé la gana.

Pero que ya no vea
las rosas de tu cara - madre,
ponerse tristes nunca,
que se me nubla el alma.

Que tú eres de Sevilla
y yo soy de Triana - nena,
y por en medio el río
nuestro cariño canta.

LÓPEZ MALDONADO
(Siglo XV)

Al amor

·¡Ay, amor,
perjuro, falso, traidor!
   Enemigo
de todo lo que no es mal;
   desleal
al que tiene ley contigo.
   Falso amigo
al que te das por mayor.
   ¡ay, amor,
perjuro, falso, traidor!
   Tus daños
nos dan claro a entender
   que un placer
es pesar de cien mil años
   y en mis daños
esto se prueba mejor.
   ¡Ay, amor,
perjuro, falso, traidor!

JORGE MANRIQUE
(1440–1478)

Canción

Con dolorido cuidado,
degrado, pena y dolor,
parto yo, triste amador,
de amores, que no de amor.

Y el corazón enemigo
de lo que mi vida quiere,
ni halla vida, ni muere,
ni queda, ni va conmigo:
sin ventura, desdichado,
sin consuelo, sin favor,
parto yo, triste amador,
de amores desamparado;
de amores, que no de amor.

Diciendo qué cosa es amor

1

Es amor fuerza tan fuerte
que fuerza toda razón;
una fuerza de tal suerte,
que todo seso convierte
en su fuerza y afición;

una porfía forzosa
que no se puede vencer,
cuya fuerza porfiosa
hacemos más poderosa
queriéndonos defender.

2

Es placer en que hay dolores
dolor en que hay alegría,
un pesar en que hay dulzores,
un esfuerzo en que hay temores,
temor en que hay osadía;

un placer en que hay enojos,
una gloria en que hay pasión,
una fe en que hay antojos,
fuerza que hacen los ojos
al seso y al corazón.

3

Es una cautividad
sin parecer las prisiones;
un robo de libertad,
un forzar de voluntad
donde no valen razones;

una sospecha celosa
causada por el querer,
una rabia deseosa
que no sabe qué es la cosa
que desea tanto ver.

4

Es un modo de locura
con las mudanzas que hace;
una vez pone tristura,
otra vez causa holgura
como lo quiere y le place;

un deseo que al ausente
trabaja, pena y fatiga;
un recelo que al presente
hace callar lo que siente,
temiendo pena que diga.

5

Todas estas propiedades
tiene el verdadero amor;
el falso, mil falsedades,
como fingido traidor;

el toque para tocar
cual amor es bien forjado,
es sufrir el desamar,
que no puede comportar
el falso sobredorado.

Esparza

¡Qué amador tan desdichado
que gané
—en la gloria de amadores—
el más alto y mejor grado,
por la fe
que tuve en mis amores!

Y así como Lucifer
se perdió por se pensar
igualar con su Señor,
así me vine a perder
por me querer igualar
en amor con el Amor.

Esparza

Es mi pena desear
ser vuestro, de vuestro grado;
que no serlo, es excusado
pensar poderlo excusar;
por esto lo que quisiera
es serlo a vuestro placer,
que serlo sin vos querer,
desde que os vi me lo era.

VALENTÍN MARÍN Y CARBONELL

Los labios y los ojos

Deja que apague en tu divino aliento
donde late el susurro de esas hojas
que prestan nido al ave, las congojas
y el inefable padecer que siento;

deja que busque linfas el sediento;
deja que busque entre las galas rojas
de ese abierto clavel con que sonrojas
a los jardines, bálsamo al tormento.

Deja que apague un huracán de antojos
en los labios que beso por sorpresa
aunque la acerba ingratitud expresen;

si te beso, alma mía, con los ojos,
y el alma siempre con los ojos besa,
deja a los labios que tambien te besen.

JUAN MARÍA MAURY
(1772–1845)

La ramilletera ciega

Caballeros, aquí vendo rosas;
frescas son y fragantes a fe;
oigo mucho alabarlas de hermosas.
Eso yo, pobre ciega, no sé.
Para mí ni belleza ni gala
tiene el mundo, ni luz ni color,
mas la rosa de cáliz exhala
dulce un hálito, aroma de amor.
Cierra, cierra, tu cerco oloroso,
tierna flor y te duele de mí;
no en quitarme tasado reposo
seas cándida cómplice así.
Me revelas el bien de quien ama;
otra dicha negada a mi ser;
debe el pecho apagar una llama
que no puede en los ojos arder.
Tú, que dicen la flor de las flores,
sin igual en fragancia y matiz,
tú la vida has vivido de amores,
del Favonio halagada feliz.
Caballeros, compradle a la ciega
esa flor que podéis adrnirar.
La infeliz con su llanto la riega:
ojos hay para sólo llorar.

JUAN BAUTISTA DE MESA

Soneto

Dormía en un prado mi pastora hermosa,
y en torno de ella erraba entre las flores
de una y otra usurpando los licores,
una abejuela, más que yo dichosa,

que vio los labios donde amor reposa,
y a quien el alba envidia los colores,
y al vuelo refrenando los errores,
engañada, los muerde como a rosa.

¡Oh, venturoso error, discreto engaño!
¡Oh, temeraria abeja, pues tocaste
donde aun imaginarlo no me atrevo!

Si has sentido de envidia el triste daño,
parte conmigo el néctar que robaste;
te deberé lo que al amor no debo.

ANTONIO MIRA DE AMESCUA
(1574–1644)

Soneto

¡Qué de espinas, amor, entre las flores
de tus deleites tienes escondidas,
y qué de días y horas desabridas
en el breve placer de tus favores!

¡Qué de pesares siembras entre amores
de glorias y esperanzas prometidas,
y qué de sobresaltos en las vidas
que asegurar pudieron sus temores!

Si eres tan falso, Amor, ¡qué divertidos
nos llegamos a ti! ¿Qué dulce engaño
es ése con que, Amor, nos traes perdidos?

Mas, ¡ay de mí!, que, conociendo el daño,
juzgamos por tanto cuerdos los sentidos,
que tenemos por loco el desengaño.

JOAQUÍN MONTANER
(1892...)

Soneto

Dejad, señora, que me pese un día
esta maldita plaza de halconero,
que me hace perseguir lo que no quiero
y me obliga a dejar lo que querría.

No fue tirana y cruel descortesía
el porte altivo de mi rostro austero;
es mi señor el príncipe el primero,
y antes que vos, está la cacería.

Al perderme fugaz en la espesura,
ya bien compadecía vuestra amargura
cuando me saludábais con las manos,

y en cambio, vos, no habíais padecido
la agonía de un ciervo malherido,
que no pudo seguir a sus hermanos...

¡Oh, sol!

¡Oh, Sol! Yo te quería,
porque fuiste un día
la corona más nítida y más bella
de una graciosa y esplendente estrella.

Y así, nunca creía
ni afirmaba el engaño
que otros dijeron de tu arisco daño.

Mas bien lo he visto ahora
que, envidioso y funesto,
un rayo de tu luz has interpuesto
pretendiendo cegar a tu señora.

Pero a mí me has cegado,
que ella con su mirar te ha rechazado,
y por esto, vencido,

te ocultas tras las nubes. ¡Bien venido,
nuevo Sol que has triunfado
y de tal claridad me has inundado!

¡Luce y veré la esfera
que gire alrededor hasta que muera!

FRANCISCO MONTERO GALVACHE
(1917...)

Con qué tierna alegría...

Con qué tierna alegría,
amor, sobre la proa de mi balandro,
me acercaré a la orilla de tu playa.

(Sobre la mar, el aire,
como un aliento fuerte y ancho
de la vida de Dios.
Mi vela blanca
alzada al horizonte. Y en mi mano,
con el timón, el rumbo siempre abierto
a los mares sin nombre conocido.)

Arriba, Dios. Y en la cubierta húmeda,
tu corazón ya mío.

Tu mirada en el fondo de mi sangre,
y mi brazo desnudo y marinero,
quieto en la dulce curva de tu espalda...

—¡A navegar, amor
a solas en las aguas!—

¡Con qué tierna alegría,
amor, sobre la proa de mi balandro,
me acercaré a la orilla de tu playa!

RAFAEL MONTESINOS
(1920...)

La novia

Te me apareces como entonces, joven
en medio de mi sueño.
No era este cielo, no. ¿Por qué ciudades
extrañas yo te encuentro?

Pero un río es un río en todas partes,
y en todas partes puedo
y podría olvidarte si tuviese
la sangre que no tengo.
Con tu presencia auténtica o soñada
me devuelves al tiempo
aquél de los jardines, de las fuentes,
las palmeras y el viento
—la calle que tendrá mi nombre un día,
cruzamos sin saberlo—.
Tus veinte años llegan, como entonces,
a mis quince. Desierto
dejas mi corazón de otros amores,
mis labios de otros besos.

(Nunca podré quitarme —tú lo sabes—
de encima tu recuerdo.)

JOSÉ ANTONIO MUÑOZ ROJAS
(1909...)

Si te llamo azucena...

Si te llamo azucena, si te llamo,
¿a qué jardín del mundo no le obligo?
Si te digo romero, si te digo,
¿a qué monte del mundo no reclamo

que tenga tu color y olor? Te amo
por el romero en ti, porque te sigo
como a jardín del alma que te digo,
como a monte del alma que te llamo.

Y con tanto nombrarte y renombrarte
sin variar de nombre, a cada cosa
bella, la voz llamando con mi acento

y las dejo morir al silenciarte,
y si digo azucena y digo rosa,
las nombro a ellas, pero a ti te siento.

JACOBO VICENTE NAVARRO

Letrilla

La zagala hermosa
que el alma adoró,
no la quiera nadie
que la quiero yo.
Cuando al campo sale
mi querido amor,
eclipsan sus ojos
al radiante sol.
Los prados y selvas
llena de esplendor,
como de alegría
mi fiel corazón.
Si a cantar se pone
con dulce primor,
las aves suspensas
escuchan su voz.
Do su pie renace
la marchita flor
y la clara fuente
al sentir su ardor,
desata en cristales
la helada prisión.
Si el fuego atractivo
de sus ojos vio,
de amor queda herido
el triste pastor.

A mi Filis bella
ninguna igualó
de cuantas zagalas
venera el amor,
que en gracias a todas
vence y perfección
la zagala hermosa
que el alma adoró.

Del naciente día
me halla el claro albor
ocupada en ella
la imaginación.
La callada noche
llega, y en mi amor,
en mi dulce Filis
pensando me halló.
Huye de mis ojos
el sueño veloz,
de aquestos mis ojos
cautivos de amor.
Y aunque es tan ingrata
a mi fiel pasión,
la zagala hermosa
que el alma adoró,
no la quiera nadie
que la quiero yo.

GASPAR NÚÑEZ DE ARCE
(1834–1903)

¡Amor!

¡Oh eterno amor, que, en tu inmortal carrera
das a los seres vida y movimiento,
con qué entusiasta admiración te siento,
aunque invisible, palpitar doquiera!

Esclava tuya la conciencia entera,
se estremece y anima con tu aliento,
y es tu grandeza tal, que el pensamiento
te proclamara Dios, si Dios no hubiera.

Los impalpables átomos combinas
con tu soplo magnético y fecundo:
tú creas, tú transformas, tú iluminas,

y en el cielo infinito, en el profundo
mar, en la tierra atónita dominas,
Amor, eterno Amor, alma del mundo.

RAFAEL OBLIGADO
(1851–1920)

Pensamiento

A bañarse en la gota del rocío
que halló en las flores vacilante cuna,
en las noches de estío
desciende un rayo de la blanca luna.

Así en las horas de ventura y calma
y dulce desvarío
hay en mi alma una gota de tu alma
donde se baña el pensamiento mío.

Basta y sobra

¿Tú piensas que te quiero por hermosa,
    por tu dulce mirar,
por tus mejillas de color de rosa?
Sí, por eso y por buena, nada más.
¿Que, entregada a la música y las flores
    no aprendes a danzar?
Pues me alegra, me alegra que lo ignores;
yo te quiero por buena, nada más.
¿Que tu ignorancia raya en lo sublime
    de Atila y Kengis Khan?
¡Qué muchacha tan ciega…! Pero, dime,
¿si lo supieras, te querría más?
Bien estén con su conciencia los doctores:
    la tuya es el hogar:
los niños, y la música y las flores,
bastan y sobran para amarte más.

ARTURO OSUNA SERVET

Al verla junto a mí...

Esta tarde te he visto… Has cruzado
ante mí como reina destronada,
y tus ojos, en loca llamarada
de amor, sobre los míos se han posado.

Mi triste corazón tembló azorado
al sentir el calor de tu mirada
que le hirió con certera puñalada,
dejándolo de amores encelado.

Mi vida va a la tuya tan unida,
que si dejo de verte estoy sin vida
y se va tras de ti mi vida al verte.

Que en mi tenaz y loco desvarío
pienso en mi iluso amor, y sólo ansío
que tus ojos, mujer, me den la muerte.

BLAS DE OTERO
(1916–1979)

Mademoiselle Isabel

Mademoiselle Isabel, rubia y francesa
con un mirlo debajo de la piel,
no sé si aquél o ésa, oh, mademoiselle
Isabel, canta en él o si él en ésa.

Princesa de mi infancia; tú, princesa
promesa, con dos senos de clavel:
yo, le livre, le crayon, le…, le…, oh, Isabel,
Isabel…, tu jardín tiembla en la mesa.

De noche te alisabas los cabellos,
yo me dormía meditando en ellos
y en tu cuerpo de rosa; mariposa

rosa y blanca, velada con un velo,
volada para siempre de mi rosa
—mademoiselle Isabel— y de mi cielo.

Tú, que hieres

Arrebatadamente te persigo.
Arrebatadamente, desgarrando
mi soledad mortal, te voy llamando
a golpes de silencio. Ven, te digo

como un muerto furioso. Ven. Conmigo
has de morir. Contigo estoy creando
mi eternidad. (De qué. De quién.) De cuando
arrebatadamente esté contigo.

Y sigo, muerto, en pie. Pero te llamo
a golpes de agonía. Ven. No quieres.
Y sigo muerto, en pie. Pero te amo

a besos de ansiedad y de agonía.
No quieres. Tú, que vives. Tú, que hieres
arrebatadamente el ansia mía.

LEOPOLDO PANERO
(1909–1962)

La sonrisa dormida

Hasta mañana, dices, y tu voz
se apaga y se desprende
como la nieve. Lejos, poco a poco,
va cayendo y se duerme
tu corazón cansado.
Tras la penumbra de tu carne crece
la luz intacta de la orilla. Vuela
una paloma sola. Se oyen trenes
perdidos en la noche entre las sombras
de las encinas y del trigo verde.
Hasta mañana, dice, tu sonrisa
se va durmiendo mientras Dios la mece
mientras se queda ciega tu hermosura,
mientras vas caminando dulcemente
por esa senda pura que algún día
te llevará dormida hacia la muerte…

ENRIQUE PASO

Invocación

Te llamo; ven aquí, dulce locura,
mujer fatal que rige mi destino.
Ven y pon, generosa, en mi camino
la nota de color con tu hermosura.

Tus labios rojos, de sin par frescura,
serán, en la tristeza de mi sino,
lo que es para el sediento peregrino
el agua de una fuente fresca y pura.

Cese, pues, tu rencor, mujer divina;
sobre mi pecho y sin temor, reclina
con languidez tu cabecita loca:

y ya que se terminan tus enojos,
besaré los zafiros de tus ojos
y el madrigal sangriento de tu boca.

JOSÉ MARÍA PEMÁN
(1898–1981)

Barrio de marineros

¡Barrio de los marineros
en donde estaba mi amor!
Al fondo de cada calle
un mar de rosa y de sol.
Haciendo redes, cantaban
cinco muchachas en flor,
y cinco marineritos
coreaban la canción.
«A la niña blanca aquella
—¡ay, qué dolor, qué dolor!—
un marinero genovés
se la llevó…»
Se iba la canción doliente
sobre la brisa hacia los
mástiles ensangrentados
de poniente y de ilusión.
Y yo pasaba soñando
—¡barrio de los marineros
en donde estaba mi amor!—
soñando por esas calles,
hacia el mar de rosa y sol…

El amor hondero

Se metió mi amor a hondero:
nunca hubo hondero mejor…
　　Tiene la honda trenzada
　　con rizos de oro del sol.
　　Con rosas, que no con piedras,
　　Siempre acierta al corazón.
¡Nunca hubo hondero mejor!

Belleza serena

Única turbación y melodía
de tu belleza toda en paz lograda,
la fuga musical de tu mirada,
sobre la sabia y pura geometría,

de tu cuerpo sin tacha, es una fuente
con dos chorros de luz que habla de cosas
lejanas y de estrellas misteriosas
más allá de la Forma y el Presente.

Ciega, por eso, mi alma te desea
como una estatua, porque así hecha idea,
nada turbe tu plástica armonía;

y así, ya sin lejanas alusiones,
como el jazmín serena al mediodía,
tu perfección serene mis pasiones.

ROGELIO PÉREZ OLIVARES

Labios de mujeres

Sintiendo del amor el noble anhelo,
con sus trenzas de oro
y sus ojos azules como el cielo,
pasaba cierto día
la divina mujer a quien yo adoro
por un bosque de mágica poesía.

Del ruiseñor la suave melodía
fue temblando a su oído
en raudal de purísima armonía;
volvió graciosamente la cabeza
y de un zarzal en la áspera maleza
y colgando entre espinas, halló un nido.

Contristóse su cara soberana.
«Ese palacio –dijo–, ha merecido
la rama más hermosa.»
Unió sus labios rojos cual la grana;
un beso dio en la zarza y, al sonido,
de cada espina se formó una rosa.

Los labios de mujeres en querellas de amores
de espinas hacen, cuando quieren, flores.

FRANCISCO DE QUEVEDO
(1580–1645)

Amante ausente del objeto amado después de larga navegación

Fuego, a quien tanto mar ha respetado
y que en desprecio de las ondas frías
pasó abrigado en las entrañas mías,
después de haber mis ojos navegado,
merece ser al cielo trasladado,
nuevo esfuerzo del sol y de los días;
y entre las siempre amantes jerarquías,
en el pueblo de luz arder clavado.
Dividir y apartar puede el camino;
mas cualquier paso del perdido amante
es quilate al amor puro y divino.
Yo dejo el alma atrás; llevo adelante
desierto y solo el cuerpo peregrino,
y a mí no traigo cosa semejante.

PEDRO DE QUIRÓS
(?–1667)

Soneto amoroso

Ruiseñor amoroso cuyo llanto
no hay noble que no deje enternecido,
¡oh, si tu voz cantase mi gemido,
oh, si gimiera mi dolor tu canto!

Esperar mi desvelo osara tanto,
que mereciese por lo bien sentido
ser escuchado, cuando no creído
de la que es de mi amor hermoso encanto.

¡Qué mal empleas tu caudal sonoro,
cantando el alba y a las flores bellas
canta tú, oh, ruiseñor, lo que yo lloro!

Acomoda en tu pico mis querellas,
que si las dices a quien tierno adoro,
con tu voz llegarás a las estrellas!

EFRÉN REBOLLEDO
(1597–1676)

Tristes y crespones soberanos
se unen para formar tu blondo pelo,
y se antoja de suave terciopelo,
según es fino, el dorso de tus manos.

Tus pestañas hilaron los gusanos
de seda, con solícito desvelo,
y son tus ojos zarcos como el cielo,
cual los montes cerúleos y lejanos.

El encanto sutil de la Gioconda
vaga en tus labios hechiceros, de honda
seducción tus pupilas están llenas,

finge un toque de luz tu ceja flava,
y, siendo del país de las morenas,
pareces una diosa escandinava.

Danza de geishas

Una geisha de tocado recogido con prolijas
elegancias, templa y templa sonriendo el oriental
chamicén de largo cuello, piel de gato y tres clavijas,
que batido con el plectro lanzas de metal.

Y otra geisha de quimono recamado de linternas,
y obi excelso, que reluce cual magnífico tisú,
borda un baile de posturas, ora crueles, ora tiernas,
que en gentil escorzo doblan su cintura de bambú.

Mientras la una geisha baila, la otra geisha tañe y canta
y suave como el zumbo de un insecto es la canción
que monótona desliza del panal de su garganta,
evocando los idilios y los triunfos del Japón.

Los altivos samurayes y los daimios arrogantes
otro tiempo las oyeron apurando verde té,
y admiraron sus vestidos y sus cintas coruscantes
a través de las doradas transparencias del saké.

DIONISIO RIDRUEJO
(1912...)

El llanto confiado

Aguarda el corazón húmedas huellas
del manantial nacido en tu mirada,
cuando lo usó tu angustia levantada
entre su soledad y las estrellas.

No olvida su piedad cuando lo sellas
con bálsamo de amor, resucitada,
de las tierras heridas la callada
ofrenda y sangre que nació con ellas.

Clavado está con torres y caminos,
con boscajes y noche y nevadas,
en su profunda sed aquel consuelo.

Rosas conducirás a mi destino,
ninguna como aquellas tan amadas
del confiado y amoroso duelo.

Secreto y llanto

La niebla clausuraba la aventura,
pluma en la noche isleña del paisaje,
aboliendo el misterio junto al viaje,
devolviéndote a mí con la ternura.

No era el amor el lazo entre la pura
estrechez que nos daba su hospedaje:
de par en par las almas sin celaje
húmedas de amorosa desventura.

Sin compasión, con sangre de secreto
fue tu labio clavando sus espinas
–¡Oh, corazón prestado!– en tus rosales.

Y en el silencio consolado y quieto,
un rocío de sombras cristalinas
despertó los ocultos manantiales.

Soneto

Si me vuelvo a mi origen, qué presente
te descubro en los aires olvidados
en que el huerto y la luna conciliados
anuncian tu aurora adolescente.

Te siento transcurrir en flor creciente
por los espacios, en tu ser amados,
que vienen en los días congregados
–ansiedad o memoria– hacia mi frente.

Y tan en mí te vivo y te enamoro,
que apenas si la fiebre me agita
adivina la ausencia en que te lloro.

Mi labio en viva flor te necesita
y aunque me niegues tu presencia y oro
vienes de mis entrañas a la cita.

Soneto

Segada con esquivo apartamiento
mi vida está que, entre tus ojos, muero
y aguda en el dolor mi voz no hiere
cuando rechaza en ti mi sentimiento.

No sé llegar al hondo pensamiento
que por ingrato mi ansiedad prefiere,
y que en armas me cierras cuando quiere
quebrantarlo mi dulce abatimiento.

Oh, próxima a mis brazos, y remota,
mira, cómo afligido en tus agravios,
crece el amor que tu mudez castiga;

mírale ya sin alas, en derrota,
mientras enciende de dolor mis labios
tu presencia amorosa y enemiga.

FRANCISCO DE RIOJA
(1583–1659)

Soneto

Hiere con saña el mar y con porfía
la seca arena a su crueldad desnuda
y el agua, siempre en el herir más cruda,
temblor envuelto en su furor le envía;

pero nunca sus ímpetus desvía
la fuente el polvo numeroso, o duda
permanecer en su constancia muda,
por más que oculto se separe el día.

Sólo ofendiendo el Ponto entre sus iras,
suspira en el silencio de la arena,
como si alguna vez fuese ofendido;

tal, Lisi, entre las lágrimas suspiras,
y el repetido aliento en mi mal suena,
mudo yo a tu furor y endurecido.

Soneto

Prende sutil metal entre la seda
que el pelo envuelve y ciñe ilustremente,
el rico lazo que de excelsa frente
sobre el puro alabastro en punta queda:

o prende la vistosa pompa y rueda
del traslúcido velo refulgente
debajo el cuello tierno y floreciente;
en quien, o ni el pesar ni el tiempo pueda;

que en mí será tu aguda punta ociosa
y de nuevo herir o dar favores
no puede otra virtud en ti escondida,

mientras hay viva nieve y blanda rosa,
y en desmayados ojos resplandores
árbitros de la muerte y de la vida.

DUQUE DE RIVAS
(1529?–1588)

A Lucianela

Cuando al compás del bandolín sonoro
y del crótalo ronco, Lucianela,
bailando la gallarda tarantela,
ostenta de sus gracias el tesoro;

y, conservando el natural decoro,
gira y su falda con recato vuela,
vale más el listón de su chanela
que del rico Perú las minas de oro.

¡Cómo late su seno! ¡Cuán gallardo
su talle ondea! ¡Qué celeste llama
lanzan los negros ojos brilladores!

¡Ay! Yo en su fuego me consumo y ardo
y en alta voz mi labio la proclama
de las gracias deidad, reina de amores.

Cual suele en la floresta deliciosa...

Cual suele en la floresta deliciosa
tras la cándida rosa y azucena,
y entre la verde grana y la verbena
esconderse la sierpe ponzoñosa;

así en los labios de mi ninfa hermosa,
y en los encantos de mi faz serena
amor se esconde con la aljaba llena,
más que de flechas, de crueldad penosa.

Contemplando del prado la frescura
párase el caminante, y siente luego
de la sierpe la negra mordedura:

yo contemplé en mi ninfa, y loco y ciego
quedé al ver de su rostro la hermosura,
y sentí del amor el vivo fuego.

JOAQUÍN ROMERO MURUBE
(1904–1969)

Canción del amante andaluz

Si fuéramos agua
—espejitos de las fuentes
rumor de la madrugada—,
si fuéramos agua,
        amor,
contigo en Granada.

Si fuéramos brisa
—jardinillos de la tarde,
alegría de las esquinas—,
si fuéramos brisa,
        amor,
contigo en Sevilla.

Si fuéramos boda
—rosa de madrugada,
que en temblores se deshoja—,
si fuéramos boda,
        amor,
contigo en Córdoba.

LUIS ROSALES
(1910–1992)

La vuelta del amor

Sentí que se desgajaba
tu corazón lentamente,
como la rama que, al peso
de la nevada, se vence;
sentí, en tu mano, un desfile
de golondrinas que vuelven
y vi un instante en tus ojos
aquella locura alegre
de los pájaros que cumplen
su feria sobre la nieve.

Vivir para ver

Todo era alegre en el claro
resplandor de la mañana,
y, al mirarte, sentí el llanto,
borrándome la mirada.
Llorar y ver sus virtudes
que un mismo sentido ensalza,
todo era alegre y sentía,
con la visión, la distancia,
y di descanso a mis ojos,
¡con sólo mirar lloraban!

Las alas tristes

Toda entera sonreía
con una tristeza oscura,
toda ofrecida y entera,
como la cruz en la tumba.

La sonrisa es la marea
del corazón, la aventura
del silencio, el mar que huye
bañando el labio de espuma.

Ya no recuerdo tus ojos
y no puedo olvidar nunca
la luz en las tristes alas,

de aquella sonrisa muda,
como el vuelo entrecortado
de una paloma en la lluvia.

La última luz

Eres de cielo hacia la tarde. Tienes
ya dorada la luz en las pupilas,
como un poco de nieve atardeciendo
que sabe que atardece,
                          y yo querría
cegar del corazón, cegar de verte
cayendo hacia ti misma,
cayendo hacia avanzar, como la noche
ciega de amor el bosque en que camina
de copa en copa cada vez más alta,
hasta la rama isleña, sonreída
por la postrera luz
                          ¡y sé que avanzas,
porque avanza la noche, y que iluminas
tres hojas solas en el bosque!,
                          y pienso
que la sombra te hará clara y distinta,
que todo el sol del mundo en ti descansa,
¡en ti, la retrasada, la encendida
rama del corazón en que aún tiembla
la luz, sin sol, donde se cumple el día!

SALVADOR RUEDA
(1857–1933)

El abrazo

Cuando te abrazo, asáltame la idea
de ser hiedra que oprime a una escultura;
más, ola azul ciñendo la hermosura
de la triunfante Venus Citerea.

Más, ser círculo de oro que rodea
de un soberbio brillante la luz pura;
más, ser trozo de sombra en que fulgura
un lucero que vivo nacarea.

Más, ser del sol engarce peregrino;
más, ser paño de cáliz argentino;
más, ser sagrario de tu busto terso.

Más, ser de un alma el amoroso lazo;
y más, ser Dios cogiendo en un abrazo
la redondez sin fin del Universo.

Mi Idela

Si como yo te quiero, me quisieras,
atracción de mi espíritu, alma mía,
y aun muerto el sol de mi postrero día
fidelidad para mi amor tuvieras,

conmigo en un idilio, compartieras
mi vino, donde hierve la alegría;
mis sueños, donde flota la poesía;
mi hogar, lleno de dichas placenteras.

Dividieras la suerte que me ampara:
mi mesa, reluciente como un ara;
mi lecho, en que la gloria se divisa.

Para cantar, partiéramos el canto;
para llorar, partiéramos el llanto;
para reír, partiéramos la risa.

Dentro de tus ojos

Azules como el humo vagaroso
son tus ojos de luz, amada mía,
y abismado en su vaga poesía
he pasado mi tiempo más dichoso.

Cuando a los míos mires con reposo,
haz que dulce tu rostro, me sonría,
y en mi interior, tu cándida alegría
sienta latir mi espíritu gozoso.

Estar dentro de ti, mujer, quisiera,
y aunque en tus ojos me descubro impreso,
no estoy dentro de ti, que vivo fuera.

¡Oh si lograras al grabarme un beso,
copiar con ansia mi figura entera,
cerrar los ojos y cogerme preso!

LUIS RUIZ CONTRERAS

Soneto

No temas, no, que de mi boca impura
broten palabras de pasión ardiente.
No temas, no, que de tu hermosa frente
mi beso empañe la sin par blancura.

No temas que mi brazo a tu cintura
se ciña como astuta y vil serpiente;
no temas que tu sueño de inocente
destruya, en sus cantares, mi locura.

Mis ojos, ¡ay!, mis ojos encendidos
al calor de los tuyos, el deseo
atizan y espolean de tal modo,

que tu imagen penetra en mis sentidos;
con la sola mirada te poseo…
y tú sonríes y lo ignoras todo.

Esperanza

Solamente una vez hablé contigo
y aún resuena tu voz en mi memoria.
Pero, ¿cómo explicar la trayectoria
de una emoción que siento y que bendigo?

Si digo que me places, y si digo
que sólo verte ¡para mí es la gloria!,
la malicia urdirá cualquier historia
que te impida tratarme como amigo.

Hay que rendirse a la opinión malvada
que se teje con viles trampantojos:
tolerar los quiméricos enojos…

Y cuando pases junto a mí, callada;
¡extasiado, beberé en tu mirada
la brillante sonrisa de tus ojos!

JUAN RUIZ PEÑA
(1915...)

Nocturno

¡Tanto dolor que compartir contigo,
de media noche en el umbral despierto!
Si la lluviosa soledad del puerto
vela la luz acuosamente, sigo

con mi ciego dolor. Ver no consigo
del muelle al mar en su negror desierto.
Ni hallar del corazón el rojo huerto,
aunque el otoño de mi sangre obligo.

Tanto que si mi vida no tuviera
de la alta noche la melancolía,
y en su secreto centro no cupiera

un ansia irresistible de quererte,
el árbol de mi cuerpo talaría
con el hacha del ángel de la muerte.

PEDRO SALINAS
(1892–1951)

El alma tenías

El alma tenías
tan clara y abierta,
que yo nunca pude
entrarme en tu alma.
Busqué los atajos
angostos, los pasos
altos y difíciles…
A tu alma se iba
por caminos anchos.
Preparé alta escala
—soñaba altos muros
guardándote el alma—
pero el alma tuya
estaba sin guarda
de tapial ni cerca.
Te busqué la puerta
estrecha del alma,
pero no tenía,
de franca que era,
entrada tu alma.
¿En dónde empezaba?
¿Acababa, en dónde?
Me quedé por siempre
sentado en las vagas
lindes de tu alma.

JUAN DE SALINAS
(1559?–1643)

Romance de endechas

La moza gallega
que está en la posada,
subiendo maletas
y dando cebada,
penosa se sienta
encima de un arca,
por ver ir un huésped
que tiene en el alma,
mocito espigado,
de trenza de plata,
que canta bonito
y tañe guitarra.
Con lágrimas vivas
que al suelo derrama,
con tristes suspiros,
con quejas amargas,
del pecho rabioso
descubre las ansias.
«¡Mal haya quien fía
de gente que pasa!»

«Pensé que estuviera
dos meses de estancia,
y, cuando se fuera,
que allá me llevara.
Pensé que el amor
y fe que cantaba,

supiera rezado
tenerlo y guardarla.
¡Pensé que eran ciertas
sus falsas palabras!
¡Mal haya quien fía
de gente que pasa!

»Diérale mi cuerpo,
mi cuerpo de grana
para que sobre él
la mano probara,
y jugara a medias,
perdiera o ganara.
¡Ay, Dios! Si lo sabe,
¿qué dirá mi hermana?
Diráme que soy
una perdularia,
pues di de mis prendas
la más estimada,
y él va tan alegre
y más que una Pascua.
¡Mal haya quien fía
de gente que pasa!

»¿Qué pude hacer más
que darle polainas
con encaje y puntas
de muy fina holanda;
cocerle su carne
y hacerle su salsa;

encenderle vela
de noche si llama,
y, en dándole gusto,
soplar y matarla?
¡Mal haya quien fía
de gente que pasa!»

En esto ya el huésped
la cuenta remata,
y, el pie en el estribo,
furioso cabalga,
y, antes de partirse,
para consolarla,
de ella se despide
con estas palabras:
«Isabel, no llores;
no llores, amores».
«Si por dicha lloras
porque yo no lloro
no es a todas horas,
y, aunque me desdoras,
otros hay peores.
«Isabel, no llores;
no llores, amores».

DIONISIO SOLÍS
(1778–1834)

Soneto

¿Por qué aspiro sin fruto, Anarda bella,
a lo que darme tu impiedad resiste?
¿Por qué mi amor en alcanzar insiste
lo que me impide merecer mi estrella?

¿No fuera bien buscar a mi querella
en el asilo de mi tumba triste
el anhelado fin que consiste
mi única dicha y mi consuelo en ella?

Necio, ¡qué pronto de esperar cansado
se abate tu pasión, antes osada,
y con el miedo la fortuna mide!

¿Qué amador fue constante y no fue amado?
¿O qué mujer del hombre importunada
no le concede al fin lo que le pide?

RAFAEL SANTOS TORROELLA
(1915...)

Déjame, amor

Déjame, amor, aquí, junto al ribazo
del valle al que llegué en tu compañía,
inmóvil como el árbol con su abrazo
del aire que consume y que le guía.

Déjame, amor, devuélveme al regazo
donde brotas tus yedras cada día.
Déjame ser de nuevo este pedazo
de tierra sin agosto todavía.

Déjame, amor, dejándome contigo
como espiga granada en su simiente
o blando pan que se devuelve al trigo.

No me crezcas en ti tan brevemente.
Déjame desde ti seguir contigo.
Déjame ser, amor, sencillamente.

JOSÉ SUÁREZ CARREÑO
(1915...)

Amor

¡Ay! Soledad de ti deshabitada
es, y tristeza, la ternura mía.
Soledad sin tu amor, oscura y fría,
que busca y no la encuentra, tu mirada.

¡Qué ceguedad de carne delicada
y qué lenta paloma de agonía
es buscarte, ¡ay, amor!, sólo en el día;
es buscar tu caricia desterrada.

La ausencia de tu amor ahora la siento.
Ahora siento la angustia que es quererte
y el clavel del delirio que me has hecho.

Ahora quiero mi voz que es mi tormento;
quiero sufrir el tiempo por tenerte
y cansarme de amar sobre tu pecho.

Ansia de amar

Con agudo metal, con ronca azada,
los huesos de mi triste desventura
sacando están a tierra mi tortura,
mi ansia de amor, mi pena delicada.

Y es ¡ay! temblor de nieve desolada
que se muere en un fuego sin figura,
esta flor de furiosa calentura
que consume mi boca, marchitada.

Tengo sangre de amor, tengo tormento,
como el hombre lo tiene, por su daño;
que otra ansiedad por dentro se despeña.

Hay algo que en mí mismo sólo siento
sin saber si es verdad o si es engaño;
otra voz que la sueño o que me sueña.

Tristeza para una mujer

De tristeza de nieve delicada
o de luna que el agua hace más fría
era tu carne, amor donde latía
herida soledad desamparada.

Allí puse el calor de mi mirada
y puse el corazón de mi agonía,
puse de mi dolor lo que tenía,
esta ansiedad, de amarte acongojada.

Pero otro hielo te sembró su muerte
y lenta soledad sorbió la tuya
sin dolor y sin voz, sólo con frío.
¡Ay! Frío de otro mundo torpe, inerte,
que deja que la pena te destruya
y destierra tu pecho de este mío.

DIEGO DE TORRES Y VILLARROEL
(1693–1770)

Soneto

Estampaba Clorinda su figura
de un río en el cristal resplandeciente,
cuando el húmedo dios de la corriente
sintió dentro del agua su hermosura.

Enamorado de la imagen pura,
solicita abrazarla estrechamente;
el agua aprieta en vano y luego siente
de su amoroso error la desventura.

«¡Oh, Dios! (le dije) en tu desgracia veo,
y en esa imagen que engañó tus lazos,
representada la fortuna mía;

pues cuando todo es brazos mi deseo,
así también se burla de mis brazos
otra imagen que está en mi fantasía.»

A una dama

Nace el sol derramando su hermosura,
pero pronto en el mar busca el reposo.
¡Oh, condición inestable de lo hermoso
que en el cielo también tan poco dura!

Llega el estío y el cristal apura
del arroyo que corre presuroso,
mas, qué mucho, si el tiempo, codicioso
de sí mismo, tampoco se asegura.

¿Que hoy eres sol, cristal, ángel, aurora?,
ni lo disputo, niego lo extraño;
mas tampoco ha de durarte, bella Flora;

que el tiempo con su curso y con su engaño
ha de trocar la luz en que hoy te dora
en sombras, en horror y en desengaño.

MIGUEL DE UNAMUNO
(1864–1937)

Soneto

Tus ojos son los de tu madre, claros,
antes de concebirte, sin el fuego
de la ciencia del mal, en el sosiego
del virgíneo candor; ojos no avaros

de su luz dulce, dos mellizos faros
que nos regalan su mirar cual riego
de paz, y a los que el alma entrego
sin recelar tropiezo. Son ya raros

ojos en que malicia no escudriña
secreto alguno en la secreta vena,
claros y abiertos como la campiña

sin sierpe, abierta al sol, clara y serena;
guárdalos bien; son tu tesoro, niña,
esos ojos de virgen Magdalena.

RAMÓN DEL VALLE INCLÁN
(1870–1934)

Rosa de Oriente

Tiene al andar la gracia del felino,
es toda llena de profundos ecos,
enlabia con moriscos embelecos
su boca oscura, cuentos de Aladino.

Los ojos negros, cálidos, astutos,
triste de ciencia antigua la sonrisa,
y la falda de flores una brisa
de índicos y sagrados institutos.

Cortó su mano en un jardín de Oriente
la manzana del árbol prohibida,
y enroscada a sus senos, la Serpiente

devora la lujuria de un sentido
sagrado. En la tiniebla transparente
de sus ojos, la luz es un silbido.

FÉLIX LOPE DE VEGA
(1562–1635)

Soneto

Ángel diurno que en humano y tierno
velo te goza el mundo, ¡oh! no consuma
el mar del tiempo, ni su blanca espuma
cubra tu frente en su nevado invierno;

beldad que del artífice superno
imagen pura fuiste en cifra y suma,
sujeto de mi lengua y de mi pluma,
cuya hermosura me ha de hacer eterno;

centro del alma venturosa mía,
en quien el armonía y compostura
del mundo superior contemplo y veo.

alba, Lucinda, cielo, sol, luz, día
para siempre el altar de tu hermosura
ofrece su memoria mi deseo.

Soneto

Hermosas plantas, fértiles de rosas,
doradas y extendidas clavellinas,
que, en verdes hojas de esmeraldas finas
a nuestros ojos parecéis vistosas;

frondosos olmos, vides amorosas,
de consumiros en el tiempo indinas,
¿visteis del sol las luces más divinas
mirarse en vuestras ramas victoriosas?

¿Amaneció jamás tan claro el día?
¿Resplandecieron más vuestros despojos
con el rocío que del alba os toca?

Aquí debe de estar la prenda mía,
porque ese resplandor es de sus ojos
y aquese aljófar de su dulce boca.

Soneto

Blancos y verdes álamos, un día
vi yo a Lucinda a vuestros pies sentada,
dándole en flores su ribera helada
el censo que a los suyos le debía.

Aquí pedazos de cristal corría
esta parlera fuente despeñada,
y la voz de Narciso enamorada
cuanto ella murmuraba, repetía.

Aquí le hurtaba al viento mil suspiros,
hasta que vine yo, que los detuve,
porque era el blanco de sus dulces tiros.

Aquí tan loco de mirarla estuve,
que, de niñas sirviendo a sus zafiros,
dentro del sol sin abrasarme anduve.

Soneto

Yo no quiero más bien que sólo amaros,
ni más vida, Lucinda, que ofreceros
la que me dais cuando merezco veros,
ni ver más luz que vuestros ojos claros.

Para vivir me basta desearos,
para ser venturoso conoceros,
para admirar el mundo engrandeceros,
y para ser Eróstrato, abrasaros.

La pluma y lengua respondiendo a coros,
quieren al cielo espléndido subiros,
donde están los espíritus más puros

que entre tales riquezas y tesoros
mis lágrimas, mis versos, mis suspiros
de olvido y tiempo vivirán seguros.

GARCILASO DE LA VEGA
(1501 ó 1503–1536)

Soneto

Sospechas que, en mi triste fantasía
puestas, hacéis la guerra a mi sentido,
volviendo y revolviendo el afligido
pecho, con dura mano, noche y día;

ya se acabó la resistencia mía
y la fuerza del alma; ya, rendido
vencer de vos me dejo, arrepentido
de haberos contrastado en tal porfía.

Llevadme a aquel lugar tan espantable,
do por no ver mi muerte allí esculpida,
cerrados hasta aquí tuve los ojos.

Las armas pongo ya, que concedida
no es tan larga defensa al miserable;
colgad en vuestro carro mis despojos.

Canción

Culpa debe ser quereros,
según lo que en mí hacéis;
mas allá lo pagaréis,
do no sabrán conoceros,
por mal que me conocéis.

Por quereros, ser perdido
pensaba, que no culpado;
mas que todo lo haya sido
así me lo habéis mostrado,
que lo tengo bien sabido.

¡Quien pudiese no quereros
tanto, como vos sabéis,
por holgarme que paguéis
lo que no han de conoceros
con lo que conocéis!

Soneto

No pierda más quien ha tanto perdido:
bástete, Amor, lo que ha por mí pasado;
válgame agora jamás haber probado
a defenderme de lo que has querido.

Tu templo y sus paredes he vestido
de mis mojadas ropas, y adornado,
como acontece a quien ha ya escapado
libre de la tormenta en que se vido.

Yo había jurado nunca más meterme,
a poder mío y mi consentimiento,
en otro tal peligro, como vano.

Mas del que viene no podrá valerme;
y en esto no voy contra el juramento;
que ni es como los otros ni en mi mano.

GIL VICENTE

(1470?–1539)

Cantiga

¡Muy graciosa es la doncella
como es bella y hermosa!
Digas tú, el marinero
que en las naves vivías,
si la nave o la vela o la estrella
es tan bella.

Digas tú, el caballero
que las armas vestías,
si el caballo o las armas o la guerra
es tan bella.

Digas tú, el pastorcico
que el ganadico guardas,
si el ganado o los valles o la sierra
es tan bella.

FRANCISCO VILLAESPESA

(1877–1936)

Epitafio

Palpitante de angustia y de terror te veo.
Ya en tu carne has sentido los dientes del Pecado,
y en medio de las lúbricas traíllas del deseo
tu pudor se defiende como un ciervo acosado.

A veces, en un ímpetu te vuelves irritada,
y tu violencia aplastada y tu coraje hiere,
y en otras, lacrimosa, suplica tu mirada
con el dolor de un alma que de dolor se muere.

Pero, defensa inútil. Llegará el caballero,
y hundirá en tus entrañas virginales su acero,
y morirás bañada entre tu sangre ardiente…

Y entregará tu cuerpo, en medio de la plaza,
a la salvaje y ávida lujuria de la gente,
¡cual sangriento trofeo de su bárbara caza!

Motivos andaluces

Bajo el negror de la mantilla
el resplandor de tu mirada,
habla de patios de Sevilla
y de las rejas de Granada.

En las tinieblas raudo brilla,
como la hoja ensangrentada
de alguna trágica cuchilla
después de alguna puñalada.

Cuando me miras, busco en vano
entre mis labios el acento…
me agita un gran temblor mortal;

¡y al corazón llevo la mano
porque parece que en él siento
entrar el filo de un puñal!

JOSÉ ZORRILLA
(1817–1893)

Soneto

Cólmame, Juana, el cincelado vaso
hasta que por los bordes se derrame,
y un vaso inmenso y corpulento dame
que el supremo licor no encierre escaso.

Deja que afuera por siniestro caso
en son medroso la tormenta brame,
y el peregrino a nuestra puerta llame,
treguas pidiendo al fatigoso paso.

Deja que espere, o desespere, o pase;
deja que el recio vendaval sin tino
con rauda inundación tale y arrase;

que si viaja con agua el peregrino,
a mí, con tu perdón cambiando frase,
no me acomoda caminar sin vino.

A Catalina (fragmento)

Cuando vi tus labios rojos,
cuando vi tan bellos ojos,
tantas gracias, ¡prenda mía!,
sentí un amor tan profundo
que un arcángel en el mundo
    de ternura te creía.

¡Insensato! me engañaba,
un espíritu adoraba
    en mi delirio;
no vi entonces, ciego amante,
en tu mágico semblante
    mi martirio.

¡Ojalá nunca te viera
y nunca escuchar te hiciera
mis amorosas querellas;
que tan bella ¡eras mujer!
tan ligera en el querer
como sois todas las bellas!
    Mas los álamos cayeron
cuando las aguas vinieron
    más crecidas,
y sus hojas, Catalina,
fresca rosa purpurina
    vio caídas.

AGUSTÍN DE SALAZAR Y TORRES

**Habiendo caído el autor a los pies
de una dama**

Dulcísimo veneno de Cupido,
bellísima ocasión de mi cuidado,
el verme a tu divino pie postrado,
no precipicio, adoración ha sido.

De tus hermosas iras compelido,
caí felizmente fulminado;
nunca se vio mi amor más levantado
que cuando se miró a tus pies caído.

A Faetón ha invitado mi osadía
si bien más venturoso fue mi vuelo,
y entre más soberanos arreboles,

pues si a él, que rigió el carro del día
un sol le derribó de todo el cielo,
a mí fue todo el cielo con dos soles.

MARÍA DEL PILAR SANDOVAL

De la otra orilla

Nos encontramos. Era la ribera
del tranquilo vivir sin ambiciones.
Nos encontramos. Nuestros corazones
se dieron a querer por vez primera.

Nos encontramos. Era primavera,
brisa de amor, no fuego de pasiones;
eran rosadas nuestras ilusiones,
un beso era una flor y no una hoguera.

Llegó el estío. Vimos la otra orilla,
y a ella quisimos ir. Una barquilla
nos dio la realidad de aquel empeño.

Y hoy vuela mi tristeza en un suspiro,
y se arrasan mis ojos, cuando miro
la ribera feliz donde hubo un sueño.

ÍNDICE

Las mejores poesías de amor
se terminó de imprimir en
los Talleres Balmes en
el mes de octubre
de 1999.